突破

一所中职学校改革创新的探索与实践

陈仕楷　李海钱　冯子川◇著

辽宁人民出版社

科学出版社

ⓒ陈仕楷　李海钱　冯子川　　2023

图书在版编目（CIP）数据

突破：一所中职学校改革创新的探索与实践 / 陈仕楷，李海钱，冯子川著. —沈阳：辽宁人民出版社；北京：科学出版社，2023.1
ISBN 978-7-205-10620-1

Ⅰ . ①突… Ⅱ . ①陈… ②李… ③冯… Ⅲ . ①中等专业学校—教育改革—研究—中山 Ⅳ . ① G718.3

中国版本图书馆 CIP 数据核字（2022）第 228016 号

出版发行：辽宁人民出版社　科学出版社
　　　　　地址：沈阳市和平区十一纬路25号　邮编：110003
　　　　　电话：024-23284321（邮　购）　024-23284324（发行部）
　　　　　传真：024-23284191（发行部）　024-23284304（办公室）
　　　　　http：// www.lnpph.com.cn
印　　刷：辽宁新华印务有限公司
幅面尺寸：170mm × 240mm
印　　张：9.25
字　　数：150 千字
出版时间：2023 年 1 月第 1 版
印刷时间：2023 年 1 月第 1 次印刷
责任编辑：娄　瓴
助理编辑：刘　明
封面设计：白　咏
版式设计：鲍　阳
责任校对：冯　莹
书　　号：ISBN 978-7-205-10620-1
定　　价：38.00 元

前　言

校企合作，作为职业教育人才培养的一种重要形式，是学校与企业共同建立的一种合作模式，是注重学校与企业之间实现资源、信息等共享的"双赢"模式。

职业教育的本质属性决定了职业教育人才培养模式的独特性包含"校企合作、工学结合"。校企合作能够有针对性地为企业培养人才，注重人才的实用性与实效性，通过校企合作，职业学校可培养能够更加适应社会与市场需求的学生。校企合作能够做到学校与企业信息资源共享、校企场地共享等，实现资源优势互补。

校企合作的模式具有多样性，有引企入校、工学交替、校企互动、订单式培养等多种模式，但在目前校企合作尚缺乏完善的法律保障的情况下，开展难度较大。在校企合作过程中，往往需要学校结合自身优势，主动与企业开展校企合作，这对学校能否突破校企合作办学机制具有关键意义。

本书内容结合中山市沙溪理工学校开展校企合作的真实案例，阐述学校如何注重建立校企合作长效机制，通过引企入校等形式，探索基于工作室模式下的校企合作。本书分为五个章节，具体内容如下。

第一章主要阐述学校在校企合作运行机制方面的突破。阐述学校如何结合地域产业特色，在国家相关职业教育条例指导下，结合省市相关指导意见，构建"双融共育八对接"校企合作办学长效机制，实现产教融合，保障校企合作的有序开展。

第二章主要阐述学校在校企合作人才培养模式方面的突破。校企合作的人才培养模式具有多样性，各地产业资源不同，不同的专业教学需求也不同。以中山市沙溪理工学校服装专业、电子商务专业、工艺美术专业为案例分析校企合作的模式。

第三章主要阐述学校在校企合作专业建设方面的突破。通过专业对接产业链，推进校企深度融合，促进示范校重点专业建设，实现工学对接办专业。校企合作的开展有利于推进专业建设，结合企业的师资优势，提高师资队伍建设，发挥校企双方师资力量，有效提高教学质量。

第四章主要阐述学校在校企合作教学改革方面的突破。基于校企合作生产实训车间模式的中职专业课教学改革与实践，针对服装专业、艺术类专业、汽车运用与维修专业等不同专业采取不同的教学改革方式，通过订单班、现代学徒制、工作室课堂模式等方式实现教学改革的突破，在教学质量上取得质的飞跃。

第五章主要阐述学校在校企合作资源整合方面的突破。校企合作本身就是要实现校企双方的优势互补，实现双方的资源整合，并使双方能够更好地发挥优势，实现产教融合，真正实现双方共赢。本章重点介绍产学研一体服务平台的构建，并结合服装职教集团的案例来剖析"融合—分享"资源共建共享平台建设。

本书由陈仕楷、李海钱、冯子川著。卢永辉、鲁东晴参与了本书的撰写并提出宝贵意见和建议，有关专家和学者对本书的出版给予了鼎力支持，在此一并表示衷心感谢。

由于作者水平有限，加之校企合作办学方式在不断完善与进步，书中难免存在疏漏和不足之处，敬请各位读者批评指正。

作 者

2021年5月

目　录

总　述

一、我国职业教育校企合作、产教融合政策支撑

职业教育的本质属性决定了职业教育人才培养模式的独特性包含"校企合作、工学结合"。职业教育校企合作的实现，离不开国家政策法规的扶持。

职业教育作为目前我国专业性人才培养的主要途径，按照《教育信息化十年发展规划（2011—2020年）》中关于"加强教育信息化标准规范制定和应用推广"的要求，教育部特制定《职业院校数字校园建设规范》，极大地推动了我国职业院校数字化发展，把技术先进性与学校教学和管理实际需求紧密结合，以适应信息时代职业教育改革对教师能力和素养的要求。

《国务院办公厅关于深化产教融合的若干意见》中提出要打造信息服务平台，鼓励运用云计算、大数据等信息技术，建设市场化、专业化、开放共享的产教融合信息服务平台。依托平台汇聚区域和行业人才供需、校企合作、项目研发、技术服务等各类供求信息，向各类主体提供精准化产教融合信息发布、检索、推荐和相关增值服务。

近年来，我国陆续出台了一系列支持校企合作的政策，且部分地区出台了有关校企合作的指导意见和方案，在政策推动下校企合作办学得到较快发展，我国职业教育校企合作取得了许多成绩，但也有许多需要解决的问题，主要是对校企合作认知不够，管理体制、运行机制、制度法规尚未健全等。各地区开展校企合作的情况不一，东南沿海一带的产业优势明显，校企合作整体开展情况较好。

二、校企合作及产教融合国内外现状

德国的"双元制"、英国的"学徒制"、新加坡的"教学工厂"等模式都是校企合作办学机制的成功典范，部分发达国家的职业教育办学机制较为完善，行业、企业参与度高。在国内，一直都有工厂师傅带学徒的传统。近十年来，越来越多的中等职业学校（以下简称中职学校）尝试探索和实践校企合作的办学机制，通过"校中厂"与"厂中校"并行，搭建校企合作共育平台，使教学与生产有机融合，解决教学与生产的矛盾，实现校企合作育人，校企合作整体上有了很大改观。但是，在

实践过程中，在政府为主体，行业、企业参与办学的环境下，企业参与主动性不够，需要学校主动搭建校企融合平台，把握校企合作突破点。

三、突破校企合作困境的关键

2019年，国务院印发《国家职业教育改革实施方案》，提出了进一步办好新时代职业教育的具体措施，特别提到要深化产教融合、校企合作，育训结合。当前，中国制造已经进入产业转型升级的关键时期，校企合作、产教融合既是服务产业高质量发展也是提升职业院校办学质量的必由之路。学校必须对现有的育人思路、方式方法和评价标准等方面进行调整，形成新的人才培养模式。

相关政策的出台，促进了职业教育的自身改善。各职业学校在办学过程中应更加注重发展校企合作，将这种思路不断融入教学改革和学校建设中。这样做的必要性：可以迎合企业发展中需要大量的基础技能技术人才，以实现生产流程优化、工艺技术改进和产品质量提升的需求；可以培养学生将职业技能的学习很好地融入企业岗位工作中，最终促进终身教育观念和行动的良性改变；可以解决职业学校需要通过校企合作解决投入不足的问题，改善实训教学条件，提高办学质量。

校企合作实际上是校企双方或多方形成资源整合的一个过程，以达到双赢、多赢的局面。只有构建产教融合、校企合作的办学机制，才能保障校企合作不断发展，深入开展产教融合。

第一章

校企合作运行机制的突破

第一节　产教融合，构建"双融共育
八对接"校企合作办学机制

导读：当前，中国制造已经进入产业转型的关键时期，产教融合、校企合作成为职业教育发展的共识和检验职业院校办学质量的试金石。

"中等职业教育产教融合校企合作办学机制研究"课题是广东省教育科学"十二五"规划2015年度中等职业教育教学改革项目重点立项项目课题（课题批准文号：粤教科规办函〔2015〕5号；课题批准号：2015sejk 002）。本课题于2015年8月批准立项，历经两年多的研究，已经完成研究的预定目标任务，进入课题的结题阶段，现将课题研究的情况报告如下。

一、课题研究背景、意义和研究现状述评

1. 研究背景

习近平总书记在党的十九大报告中明确提出"完善职业教育和培训体系，深化产教融合、校企合作"[①]。当前，党中央、国务院也提出要加快发展现代职业教育，深化体制机制改革，创新各层次各类型职业教育模式，坚持产教融合、校企合作，坚持工学结合、知行合一，引导社会各界特别是行业企业积极支持职业教育，努力建设中国特色职业教育体系。2014年5月，国务院颁布的《国务院关于加快发展现代职业教育的决定》中提出"产教融合、特色办学。同步规划职业教育与经济社会发展，协调推进人力资源开发与技术进步，推动教育教学改革与产业转型升级衔接配套。突出职业院校办学特色，强化校企协同育人"。

2. 研究意义

产教融合、校企合作办学机制及其运行机制的构建具有深远的学术研究意义。当前，国内外产业竞争异常激烈，中国制造已经进入产业转

---

① 习近平：提高保障和改善民生水平，加强和创新社会治理[EB/OL].（2017-10-18）[2021-03-10]. http://www.12371.cn/2017/10/18/ARTI1508297844870827.shtml.

型的关键时期，校企合作成为发展共识——学校需要通过校企合作解决投入不足的问题，改善实训教学条件，提高办学质量；企业需要大量的基础技能技术人才，以实现生产流程优化、工艺技术改进和产品质量提升，尽可能减少耗材和劣品，扩大利润空间；政府面对就业难和用工荒的结构性矛盾，也希望通过校企合作来得到缓解。构建产教融合、校企合作的办学机制，将从教育、民生、经济等多个领域实现综合应用价值。

实行产教融合、校企合作办学具有多方面的意义：从职业教育自身来讲，将促使学校和组织在育人理论、思路、方式方法和评价标准等方面产生质的变化；从对外影响来讲，将促使中职教育进一步融入产业经济和社会转型的改革行动中，不断加强与教育以外的其他领域合作发展，反过来又促进中职教育的自身改善；从长远发展来讲，将会进一步激发社会个体的学习意识，使人们的学习不再只限于学校，而是融入岗位工作、职业生涯和人生发展中，将促进终身教育观念和行动的良性改变，进而推动个体发展、社会进步。

3. 研究现状述评

近年来，国家制定了一系列职业教育相关的引导性政策方案，不断加大对职业教育的投入，鼓励职业学校大力开展校企合作、产教融合。目前比较典型的有学生就业合作、生产实习合作、企业订单培养、校企互动合作、专业建设合作、对外技术合作等模式。但以上多种产教融合、校企合作的办学模式，基本上是限于某一环节、某一阶段或某些事项的合作，只能算是初级的"校企合作"，还难以达到真正意义上的"产教融合"。

二、研究的目标、思路和基本内容

①通过本课题的研究与实践，总结、分析中山市沙溪理工学校（以下简称"我校"）十多年来在中等职业教育产教融合、校企合作办学机制方面的成功经验和做法，凝练出具有我校特色的"双融共育八对接"中等职业教育产教融合、校企合作办学机制。

②借助本课题的研究与实践，进一步形成、细化和完善"双融共育八对接"中等职业教育产教融合、校企合作办学机制的"五步走"操作

程序。

③开展深度校企合作，丰富"双融共育八对接"中等职业教育产教融合、校企合作办学机制的内涵。

三、研究方法

本课题主要采用社会调查法、查阅文献法、实地考察法、行动研究法、项目研究法、比较研究法等方法进行研究。

1. 社会调查法

通过对中山市乃至珠江三角洲（以下简称"珠三角"）地区服装、汽修、电子商务、计算机、工艺美术、财经商贸等行业企业发展态势、用人需求和校企合作意向的调查，了解和掌握行业企业在与中职学校进行产教融合、校企合作办学方面的定位和需求。

2. 查阅文献法

查阅国内中等职业教育产教融合、校企合作办学机制研究的主要成果，广泛了解和学习借鉴当前国内中职学校在构建产教融合、校企合作办学机制方面好的经验和做法，并将其转变为本课题创新研究的基础和源泉。

3. 实地考察法

为了进一步了解国内中等职业教育产教融合、校企合作办学机制研究的水平和状况，我校课题组成员及教师共31人先后被派出到国内产教融合、校企合作办学方面发展较好的职业院校参观考察，为我校的产教融合、校企合作办学机制研究寻找可借鉴的经验和成功的做法。

4. 项目研究法

"中等职业教育产教融合校企合作办学机制研究"是项目研究，其中又包含机制构建、操作程序和创新内涵等子项目研究，这些项目研究已经先后取得丰富的成果。

5. 比较研究法

我们在进行课题研究的过程中，一方面做好我校产教融合、校企合作办学机制的建设，另一方面研究比较我校与其他学校在产教融合、校企合作办学机制建设方面的差别、差距及我校的水平。以此找准我校的位置，进一步完善和丰富我校产教融合、校企合作办学机制建设。

四、研究过程和实施策略

1. 准备阶段

确定课题，成立课题组，课题论证，申报、讨论、通过实验方案；召开课题开题报告会；聘请专家担任研究顾问，针对我校专业发展特色及现状，对我校产教融合、校企合作运行机制进行把脉、梳理。

2. 实施阶段

组织课题组成员按照研究方案进行实践研究，在专家的指导下开展课题研究，分阶段推进研究工作，分析、总结我校多年来产教融合、校企合作的成功经验和做法，收集整理典型案例，初步形成"双融共育八对接"中职产教融合、校企合作办学机制的经验总结。

3. 验收总结阶段

组织课题研究结题工作，撰写论文，写出结题报告，汇集研究成果，通过专家论证，提交科研主管部门审核，申报研究成果，为经验推广和后续研究做准备。

五、课题组成员分工

冯子川：课题主持人。副校长，中学计算机高级教师，负责课题研究全面工作。

陈仕楷：课题组成员。校长，广东省职教名家培养对象，中学高级教师，负责指导、督导校企合作的运行管理、机制建设。

卢永辉：课题组成员。副校长，中学信息技术高级教师，负责督导校企合作的运行管理、机制建设。

廖耿东：课题组成员。校企合作办公室副主任，负责校企合作的运行管理、机制建设。

朱小东：课题组成员。校企合作办公室副主任，负责校企合作的引企进校及校外实习基地管理。

陈宇婷：课题组成员。负责校企合作人才培养及评价研究。

赵　波：课题组成员。负责校企文化建设研究。

鲁东晴：课题组成员。教务处主任，负责校企合作的教学管理。

冯　莉：课题组成员。教务处副主任，负责校企合作的教学管理。

黄建民：课题组成员。办公室副主任，负责校企合作的数据收集和整理。

唐汉邦：课题组成员。办公室副主任，负责校企合作的对外交流。

陈仕富：课题组成员。服装设计与工艺专业部副部长，专业部校企合作负责人。

陈凡主：课题组成员。汽车运用与维修专业部部长，专业部校企合作负责人。

李浩明：课题组成员。电子商务专业部部长，专业部校企合作负责人。

刘　丹：课题组成员。工艺美术专业部部长，专业部校企合作负责人。

张文彬：课题组成员。计算机专业部副部长，专业部校企合作负责人。

钟雪梅：课题组成员。电子商务专业部副部长，专业部校企合作负责人。

李海钱：课题组成员。校企合作办公室干事，协助校企合作的运行管理、机制建设。

林显玩：课题组成员。工艺美术专业部副部长，专业部校企合作负责人。

唐铁罗：课题组成员。服装设计与工艺专业部副部长，专业部校企合作负责人。

张胜龙：课题组成员。汽车运用与维修专业部副部长，专业部校企合作负责人。

黄雄生：课题组成员。教务处教务员，协助开展校企合作。

苗　闯：课题组成员。教务处教务员，协助开展校企合作。

汪森霖：课题组成员。计算机专业骨干教师，协助专业部校企合作开展。

钱　凡：课题组成员。工艺美术专业骨干教师，协助专业部校企合作开展。

六、研究成果

1. 提出并构建了"双融共育八对接"中等职业教育产教融合、校企合作办学机制

中山市沙溪镇是中国休闲服装名镇，我校依托和服务当地休闲服装产业的发展，创新机制，优化模式，在"专业对接产业链，教育对接价值链"人才培养模式的统领下，以共建校企合作产学研工作室和生产实训车间为抓手，以规范校企合作过程管理为要求，以提升人才培养质量为目标，提出并构建了"双融共育八对接"的产教融合、校企合作办学机制。

双融：学生在校学习阶段，将企业岗位从业标准和企业文化双双融入人才培养全过程。企业岗位从业标准为职业能力培养的依据，企业文化是人才培养过程中职业素养形成的基础。

共育：人才培养与企业共同做到培养方案共商、培养过程共管、培养效果共评、培养成果共享，最终实现人才校企共育，体现校企深度合作。

八对接：专业与产业对接，课程与岗位对接，教材与技能对接，教室与车间对接，教师与师傅对接，教学过程与生产过程对接，行为习惯与职业素养对接，毕业证书与资格证书对接，如图1.1所示。

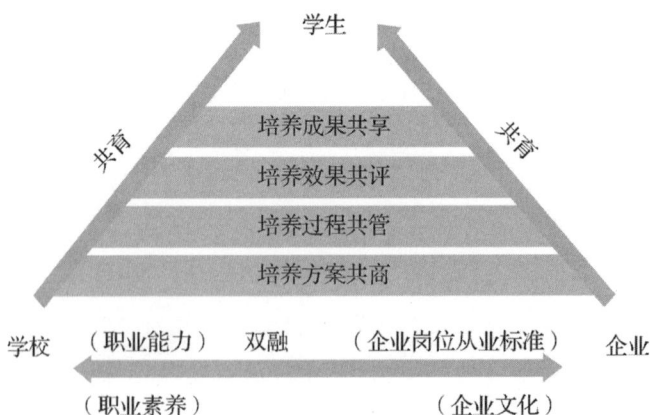

（a）"双融共育"示意图

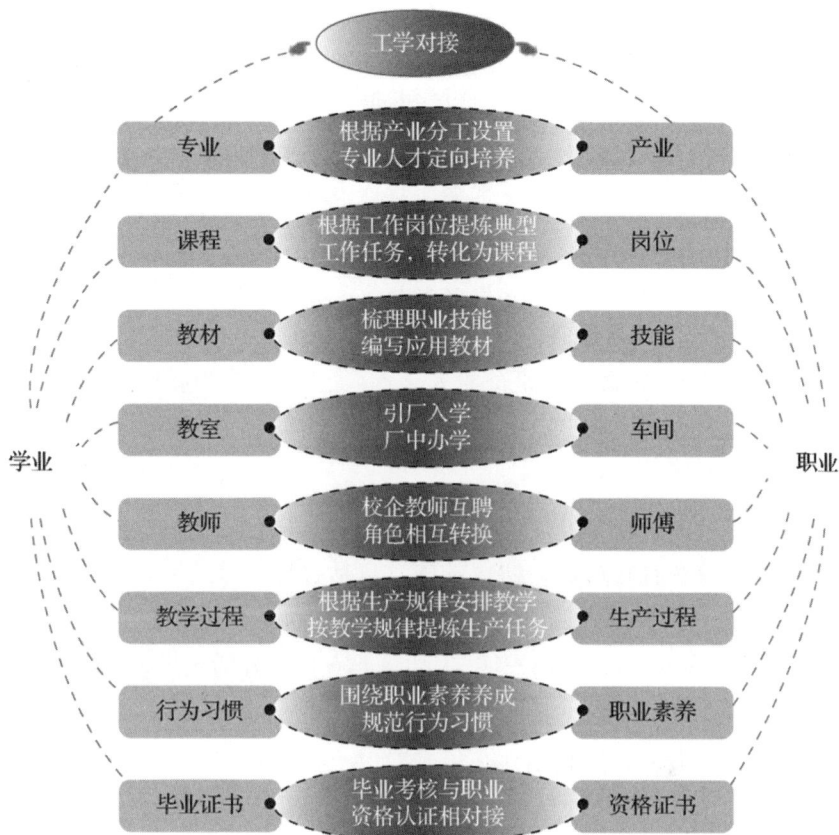

（b）"工学对接"示意图

图1.1　我校"双融共育八对接"中等职业教育产教融合、校企合作办学机制示意图

2. 开展了"双融共育八对接"产教融合、校企合作办学机制的探索与实践

在探索"双融共育八对接"中等职业教育产教融合、校企合作办学机制过程中，我校创立并实施了一系列有效的举措，其中的做法和经验不仅具有我校特色，也具有广泛的示范推广价值。借助本课题的研究与实践，进一步形成、细化和完善了"双融共育八对接"中等职业教育产教融合、校企合作办学机制的"五步走"操作程序。

①成立机构，健全机制。成立校企合作工作领导组，设立校企合作办公室，配备专职行政人员负责校企合作日常管理工作，同时，每个专业部成立了校企合作工作小组，增设了一位副部长专门负责校企合作，

由此形成了校、部两级校企合作管理团队。同时，依据国家的相关法律法规和《中山市人民政府办公室关于印发中山市职业教育校企合作促进办法（暂行）的通知》以及学校办学章程，制定了《中山市沙溪理工学校校企合作管理制度》等一系列管理制度和措施。

②调研论证，项目申报。根据学校各专业教育教学的需求，充分利用学校资源，校企办和各专业部积极寻求校企合作项目，尤其是那些有利于提升学生专业技能、促进专业建设和发展的合作项目要积极引进来，主要以校企共建工作室的形式进行合作。其间，由校企办、专业部牵头组织外聘专家、行业企业人员、学校专业骨干教师对项目进行市场调研、可行性分析论证并形成报告，着力回答"为什么合作"这一问题。

③民主决策，依法公证。针对校企合作项目，由学校校企办和专业部负责拟定校企合作协议，协议的内容包括合作的目的、合作的方式、双方的责任、管理模式等，明确回答3个问题：1. 为什么合作；2. 怎样合作；3. 合作对学校教育教学、人才培养有什么好的效果。协议初稿通过行政会讨论、修改后，提交学校教职工代表大会（以下简称教代会）讨论表决，一人一票签名，在获得半数以上代表同意后方可确认项目暂时获得通过，不然项目将被否决。同时，就协议内容咨询学校法律顾问并由其出具书面法律意见，确保学校的权益不受影响。

④公开公示，签订协议。依据《中山市人民政府办公室关于印发中山市职业教育校企合作促进办法（暂行）的通知》的要求，通过校园网等途径面向社会公示校企合作项目，公开征集合作企业，在公平竞争的情况下按程序择优选择合作企业，然后在律师见证下，校企双方签订具有法律效力的校企合作协议。

⑤量化考核，双向评估。针对校企合作过程中的日常管理、项目运行和阶段性绩效进行过程量化考核，同时对培养学生质量、数量和就业质量等进行终结性结果考评。学校、企业和学生三方共同参与评价，考核评价每学期进行一次，针对考评结果提出改进意见，并将考评结果作为是否继续开展项目合作的依据，如图1.2所示。

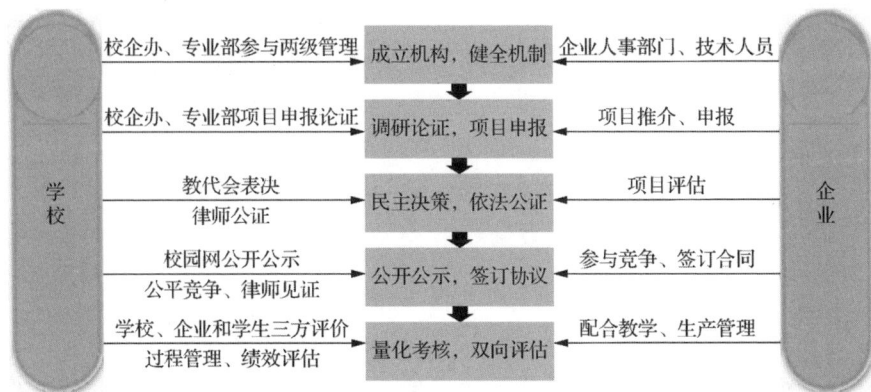

图1.2 "双融共育八对接"中等职业教育产教融合、校企合作办学机制
"五步走"操作程序

3. 开展深度校企合作，丰富"双融共育八对接"中等职业教育产教融合、校企合作办学机制的内涵

我校各专业目前已建成一批校内实训中心、校企合作工作室和校外实习基地。其中，服装专业实训场室面积达16000平方米，拥有实训室和工作室42间，工位数达到1500多个。校内产教融合、校企合作机构有中山市尚艺休闲服装工程研究开发中心、CTTC中山服装检测中心、中山市服装设计师协会、中山市纺织工程学会、广东省服装职教集团5个；培育了一批产教融合型企业，以提升校企合作平台建设水平。同时，我校还与中山英仕服装有限公司等26家企业合作建立了校外实习基地，共同培养技术技能型人才。我校充分利用并整合这些校内外资源，开展深度校企合作，丰富"双融共育八对接"中等职业教育产教融合、校企合作办学机制的内涵。

（1）对接产业办专业，面向市场育人才

我校服装设计专业结合服装产业链开设有服装设计、服装制版、服装工艺、生产管理、服装模特与展示、服装营销、服装电子商务等专业或专业方向课程，并依托我校与中纺标公司合作建设的CTTC中山服装检测中心开设了服装检测专业。总之，学校在办学过程中，始终坚持对接产业办专业，面向市场育人才，紧密对接产业的发展和需求，动态调整专业方向，保持专业的吸引力和生命力。

（2）校企共建与企业岗位从业标准对接的课程体系，推进课程和教

第一章
校企合作运行机制的突破

15

材建设

我校各专业聘请行业企业专家与专业课教师共同建立了与岗位技能相对接的课程体系和课程标准；完成了以典型工作任务为主线、以业务流程为顺序的核心课程和教材建设，开发了一系列与企业岗位从业标准对接的校本教材。

（3）引企进校，建校企合作产学研工作室和生产实训车间

近年来，我校把英仕婚纱晚礼服、尚道针织服装、硕森高级定制等企业引进学校，在实训基地（中心）建产学研工作室和生产实训车间，严格按生产流程和岗位要求来配置设施设备，并重点考虑教学实训和人才培养的需求。例如，我校汽车运用与维修专业近年来与中山市雄鸣汽车维修厂开展校企合作，在校内共建汽车维修中心，中心按企业市场化经营，学生在企业师傅和专业教师的指导下直接参与各类车型的故障维修，从机电维修到钣金、喷漆均处于真实的生产环境中。对学生技能评价的标准就是能否把故障车修好以及企业和客户的满意度。校企共建的汽车维修中心培养出了技术技能过硬的学生。像以上这样的案例在我校各专业中均普遍存在，通过引企进校，建校企合作产学研工作室和生产实训车间，推进了学校专业课教学尤其是实训教学的改革，培养出了专业技术技能过硬、有较高职业素养的学生，从而增强了企业对学校专业的人才依存度。

16

（4）培育一批产教融合型企业，提升校企合作平台建设水平

在校企合作开展过程中，我校各专业教师不断改革创新，积极与企业交流、融合，利用教师理论优势，帮助企业梳理申报材料。积极协助校企合作企业申请广东省第一批产教融合型企业评审工作。共有8家校内企业（表1.1）通过评审，纳入广东省第一批产教融合型企业建设培育名单，占中山市总名额的23.5%。这为我校培育一批高质量融合型企业，进一步开展校企合作奠定了基础。

表1.1　产教融合型企业一览表

序号	企业名称
1	中山市尚道服饰有限公司
2	中山市亿元服饰有限公司

序号	企业名称
3	中山市九寸钉服饰有限公司
4	中山市硕森服饰有限公司
5	中山市咖蓝服饰设计有限公司
6	中山大正小轩创意设计有限公司
7	中山市十点钟文化传媒有限公司
8	中山市汇通财税事务有限公司

七、"双融共育八对接"中等职业教育产教融合、校企合作办学机制的主要创新之处

1. "双融共育八对接"是中等职业教育产教融合、校企合作办学机制理念和实践的创新

"双融共育八对接"中等职业教育产教融合、校企合作办学机制就是对接产业办专业，面向市场育人才，将企业岗位从业标准和企业文化双双融入人才培养全过程，实现产教融合、校企深度合作，全方位推进教学改革，是中职产教融合、校企合作办学机制理念和实践的创新，被誉为"广东中职教育校企合作的升级版"。

2. 学生作品转化为企业产品，再转化为市场商品，产教融合、校企深度合作，教学改革取得新突破

引企进校，建校企合作产学研工作室和生产实训车间，把课堂搬进车间或工作室，上课就是上岗，学生在真实的企业环境里"做中学，学中做"，专业教师与企业技师共同参与对学生的教学实训指导，教学在完成真实产品开发或生产中开展，学生作品转化为企业产品，企业产品再转化为市场商品，这样的教学模式能充分激发和调动学生学习的积极性，学生的技能水平提升快，教学效果好，教学质量高，能培养出大批优秀的学生，教学改革取得显著效果，实现了产教融合、校企深度合作。

3. "双融共育八对接"中等职业教育产教融合、校企合作办学机制具有广泛的示范推广作用

"双融共育八对接"中等职业教育产教融合、校企合作办学机制在我校服装专业的实践中效果显著，带动了全校各专业校企合作的深入开展，并在全省乃至全国中职学校中也产生了广泛的影响。例如，承办教育部产教对接高峰论坛，吸引了近100所职业院校单位来我校参观交流，在国家教育行政学院向全国近200所职业院校做经验介绍等。

八、后续性研究与思考

"中等职业教育产教融合校企合作办学机制研究"课题，经过两年多已经完成研究的预定目标任务，取得了丰富的研究成果，提出并构建了具有我校特色的"双融共育八对接"产教融合、校企合作办学机制。这是中等职业教育产教融合、校企合作办学机制理念和实践的创新，被作为广东省中等职业教育人才培养模式与教育教学改革的典型案例和经验向全省推广。但不可否认的是，当前，产教融合、校企合作仍然是众多中职学校改革与发展的"瓶颈"，产教融合、校企合作办学机制的构建和实施仍面临许多困难和问题，"双融共育八对接"产教融合、校企合作办学机制还需要进一步完善和理论提升。为此，我校将继续开展深入研究和实践，为中等职业教育产教融合、校企合作办学机制的构建提供经验和案例。

第二节　校企合作运行机制探索与思考

导读：当前，职业教育校企合作在运行中遇到诸多问题，未能形成整合资源的长效机制。本节将深入分析当前产教融合、校企合作的背景和意义，结合我校以"一主多元"的思路整合学校内部、政府、科研机构和互联网等多方面资源的实践，针对资产核算、利益分配和风险分担等重大难题，总结校企合作运行机制的经验和不足，并提出需要地方政府部门进一步加强决策及监管的建议。

当前，党中央从国家全局重视职业教育发展，清晰设计了"产教融

合、校企合作"的发展途径，明确未来很长一段时期职业教育要做什么样的事情。走产教融合、校企合作之路的关键在于构建有效的运行机制，这是当前校企合作存在诸多问题的核心所在，也是解决问题的根本途径。

一、"产教融合、校企合作"的背景和意义

产教融合、校企合作的道路，首先是由职业教育本身的特性所决定的。每一行业每种职业组成了一个独特的环境，这一环境要求从事这一行业或职业的人必须具备特定的能力和专门的知识，在这些能力和知识中由某些观念、某些应用和某些观察事物的方式占主导地位。例如，服装行业里有设计师、工艺师和机械师等职业分类，分为设计、制版、展示、质检、销售等岗位分工，它们同在服装行业环境里，有基本一致而互相启发的能力、知识、观念和行为方式，且不断变化。如果不能在真实的生产管理环境中开展实训教学，很难保证学校培养出来的人才符合企业要求。

在我国即将进入"以国内大循环为主体、国内国际双循环相互促进"的新发展格局之时，要确保国内大循环顺利实施，就需要显著提升现有的内销产品质量标准。中国制造进入产业转型的关键时期，急需通过校企合作、产教融合的形式，大力提升职业教育实训条件，提高办学质量，有力缓解就业难和用工荒的结构性矛盾问题。

二、一主多元，整合内外校企合作资源

校企合作离不开资源整合，资源整合必须考虑企业意愿。企业为什么愿意把资源投向学校和职业教育？很明显，企业的短期目标在于储备人才，中期目标在于创造利润，长期目标在于品牌发展——最终还是要靠人才。企业选择与学校合作，希望能够开展深入、高端、持续的合作，让学校在帮助它培养人才的同时，还能帮助它改进管理和创新产品。企业只有在参与校企合作后得到实实在在的回报，才有动力继续合作。

基于这样的认识，近年来，我校构建以学校为主体，政府、行业、企业、科研机构和社会团体共同参与的一主多元运行机制，在资源整合和质量提升上做了以下尝试。

1. 整合自身资源，提升学校的合作吸引力

我校建立于1991年，目前设有服装技术专业部、信息技术专业部、创意设计专业部、现代服务业专业部、汽车技术专业部五大专业部。长期以来存在各专业在资源上你有我无、你强我弱的不均衡，使得我校发展欠缺整体动力。基于服装是当地的支柱产业，我校就以服装为龙头专业，提出了"专业对接产业链、教育对接价值链"的人才培养模式，依托当地产业和行业企业，设置了服装设计、制版、生产、检测、展示、陈列、电子商务、饰品设计、物流、会计等专业。企业和学校合作，就不仅是某一专业某一环节的合作，而是多个产业环节共同提升的合作。

如果专业整合配置的是"事"的资源，"人"的资源就是师资队伍建设和管理的问题。为了与企业更好地沟通和对接，我们在师资队伍中实行"层级优化，竞聘上岗"的优化组合制，打破课时量考核，改用工作室和校企项目质量考核，实行竞争上岗、以职定责，多劳多得、优质优酬。同时，聘请知名设计师、学者、企业家担任专业建设指导委员会专家，聘任企业师傅担任兼职教师；还发起成立了中山市服装设计师协会，吸纳包括学校教师、企业设计师、学校毕业生在内的400多名服装设计师参会，每月在学校举办沙龙等互动，交流校企合作信息。

"事"和"人"的资源配置好了，"方法"就是桥和路的资源了。我校在推进实行"专业对接产业链"的人才培养模式后，将实训中心与当地产业链进行深度对接，与企业、知名设计师和高级技师开设名师工作室，在开展产教融合过程中与企业实现资源整合，开展基于校企合作的工作室课堂模式，以企业生产任务为实训项目，实行项目教学。我校还协助企业开设英仕婚纱晚礼服等实训专线，让表现比较优秀的学生分批到厂实习，形成良性互动。

2. 融入当地产业转型升级，寻求政府的支持

政府对职业教育持有的态度、定位、投入和发展思维，直接影响社会各界对校企合作的价值取向、合作预期和实际行动。整合政府资源需要机遇，更需要有敢于担当的精神。

我校所在的沙溪镇是中国休闲服装名镇，服装业是其支柱产业，然而大部分企业仍采用贴牌加工的生产模式，自主研发设计的品牌不多，传统的发展模式已发挥到极致。2013年，当地政府提出走产业转型升级

之路，要打造时尚创意城、文化旅游城、时尚服饰街等项目，并与电子商务深度融合。在这样的形势下，我校主动配合政府，站在产业转型升级的高度做发展调研和规划，联合企业、行业协会、地方商会、高校、科研机构和专家学者，筹建中国沙溪时尚创意城，推进"政府、行业、企业、科研机构、学校"五位一体的产学研一体化实践，为行业企业做好研发、检测、创意和营销等服务，共同推动创意产业与电子商务重点项目建设。我校先后承办了五届服装产业产学研高峰论坛，为上百家企业提供技术和管理培训交流，推广最新的服装机械、IE 监控系统、电子商务等现代化经营模式，被当地政府誉为"产业转型升级的发动机"。当政府认识到我校是做实事讲实效的，也就愿意在土地、基建、金融、政策等方面给予继续投入和支持。

3. 整合企业缺乏的科研资源，做好中介服务

产品技术研发是中职学校提升校企合作层次的重要资源，也是企业缺乏而希望通过学校得到的资源。科研机构有了新的产品技术，也希望尽快推到生产经营的前端。在这过程中，学校如果发挥好中介的作用，高效地将双方资源转化成社会财富，就能成为企业和科研机构都离不开的合作伙伴。

近十年来，我校承办了中山市尚艺休闲服装工程研究开发中心，为企业开展产品研发、技术培训、生产改造和人员培训等服务；与中国纺织科学研究院合建了中纺标CTTC中山检测中心，并申报成为国家实验室；还建成了中央财政支持建设的服装专业实训基地，组建了中山市服装设计师协会，与中山职业技术学院合作创办了沙溪纺织服装学院。这些机构单位都落户在我校校内，成为我校的产学研一体化资源。更重要的是，这些资源都是企业可以充分利用的。我校携手天竹联盟等企业，与齐齐哈尔大学等高校合作，研发了亚麻系列服饰、世博温差变色T恤等深受欢迎的服装产品，创立和培育了"酷侣""东方儿女"等服装品牌，为企业创造了实实在在的利润。

4. 跟上互联网思维，整合新优资源

职业教育的资源整合，不能忽略新兴行业的潜力资源。当前，电商风靡，国家提出了"互联网+"的产业思维，互联网企业成为产业转型升级必须考虑和争取的资源，也成为我校正在整合的资源。

2014年7月，我校与中珠江地区唯一的阿里巴巴集团认证的金牌淘拍档企业、中山市暴风科技有限公司签订合作协议，共同筹建中山市服装行业电子商务产学研合作公共技术服务平台。暴风科技有限公司携手众多优质服装供应商提供资金和技术支持、运营管理，成立电商购销平台"触电网"，由我校各专业部师生全程运营，负责设计、开发、制作、分销、美工、推广、客服、物流、管理等岗位工作。2020年，我校在市政府的支持下，再投入2栋楼用于校企合作，先后与中山市女神战袍服饰有限公司成立校企合作工作室，打造融高端女装品牌展销、线上直播带货、人才孵化于一体的服装专业校企合作工作室；与中山市买它网络科技有限公司成立中山市电商直播人才孵化基地，设立47个直播间，开展多方合作，紧密结合市场需求，助力直播人才培养。通过以上多种合作形式，学校和企业"你中有我，我中有你"，不仅是合作伙伴，还是发展共同体。

三、当前运行机制最大的难点在于资产核算、利益分配和风险分担

在一主多元的机制运行中，我校也感觉到每走一步都不容易。尤其是目前国家体制还不够完善，职业教育的法律法规还在建设中，产教融合、校企合作面临一系列实实在在的难题：资源引进来了不断做大，如何区分国有资产和私有资产以及核算双方资产在经营中叠加、增加和损耗的部分？校企合作产生的效益，应该如何分配？校企合作的人财物等风险怎样正确评估，应当怎样分担？

我校为此伤了不少脑筋，也吃了不少苦头。最终我校采取的措施如下：

①成立机构和人员。成立学校校企合作办公室，从每个专业部门中选出专门的校企合作负责人，形成专业部和学校双层校企合作团队。

②开展项目申报及调研。充分利用学校联系、调动教师的积极性及人脉资源进行校企合作项目申报，并由校企办公室对项目进行市场调研、与专业部门教师讨论、请专业人士分析等，对校企合作项目进行可行性分析并形成报告。

③实行民主决策和依法公证。制定校企合作协议，规范合作时间、

双方责任、管理模式等，明晰参与各方的责权利，通过行政会讨论、修改后，召开教代会，将项目合同条款公之于众，一人一票决定通过后签名，请律师公证以至合法生效。

④制订详细规划并实施。在校企合作规划和实施方案中，明确合作方式、管理模式、负责部门及人员，对场地、设备、设施等资源做好备案和分配，制订课程和学生培养计划，按要求按步骤实施。

⑤实行过程和结果双导向评估。将培养学生数、质量和就业率作为考核内容，采用校企合作过程量化考核的方式，实行学校、企业和学生的三方评价，制定和实施奖励方案。同时，成立相应的课题研究团队，在校企合作运行过程中进行数据统计、案例提炼和论文撰写等，并将校企合作成果对外展示。

我校校企合作运行机制如图1.3所示。

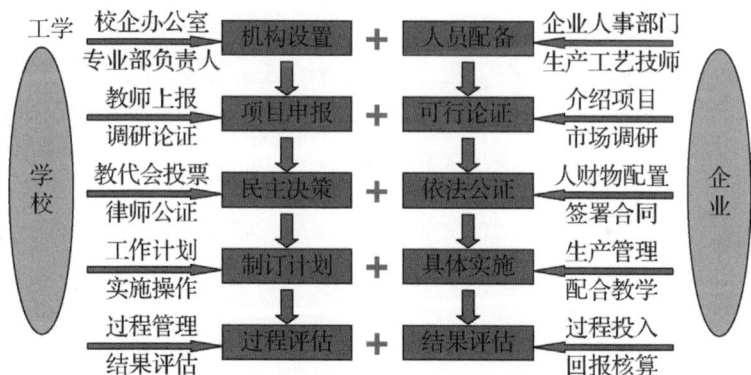

图1.3 我校校企合作运行机制示意图

四、校企合作运行机制建设需要地方政府部门加强决策及监管

校企合作问题牵涉方方面面，并非举一所学校之力就能够解决。要保证校企合作项目合情合理合法，并解决校企合作运行机制存在的问题，需要政府部门统筹协调，做到法规先行、制度先行，并制定程序细则以确保运行机制行之有效。

①市政府从地方经济社会及职业教育长远发展上进行统筹。政府应在地方发展改革、财政、经信、税务、国有资产、科技、商务等部门对职业教育校企合作的规划计划、资源配置、经费保障、信息服务等给予政策支持。

②确立高于学校的上级决策、监管主体。由地方教育主管部门作为高于学校的上级决策、监管主体，建立地方职业教育联席会议，负责统筹全市校企合作的规划、资源配置、经费保障、教育教学改革、实习实训基地建设、师资培养、科技成果转化、资产监管、风险监控、督导评估等工作。

③通过立法或行政手段明确校企合作的行为。督促职业学校依法制定和遵照学校章程，按照办学宗旨和培养目标，自行设置专业、开设课程、选用教材和开展教育教学活动，并对参与的学校师生、企业及其技师等团体和个人，制定和实施相应的资源补充、效益回流、税费减免、购买保险、劳务补助等激励措施。

中山市教育和体育局于2020年12月17日联合中山市发展和改革局、中山市工业和信息化局、中山市财政局、中山市人力资源和社会保障局、国家税务总局、中山市税务局6个部门印发《中山市促进职业教育校企合作实施意见》（中教体通〔2020〕209号）文件，对中山市职业教育将起到一定的促进和规范作用。随着职业教育改革的逐步深入，地方政府部门可以把步子迈得更大，进一步探索发展多元化办学体制，实行混合所有制、股份制办学，使校企合作运行机制得到更大改善。

第三节　政行企校联动，助推产业转型

——电子商务专业校企合作模式改革案例

导读：本节将探讨中等职业技术学校电子商务专业校企合作模式改革思路，加强内涵建设，深化教学改革，促进专业发展，为区域经济发展做出贡献，提升中等职业教育的活力与生命力。

一、实施背景

依据《教育部关于充分发挥行业指导作用推进职业教育改革发展的意见》（教职成〔2011〕6号）等文件的精神，认识到中等职业教育应当培养实践性、职业性、应用性的人才，因此，加强办学体制机制创新，推进合作办学、合作育人、合作就业、合作发展，增强办学活力显得尤

为重要。我校按照创建国家中等职业示范校的要求，将电子商务专业确定为重点建设专业。借助政行企校联动的力量，创新校企合作模式，深化校企合作机制，推进多方共同参与电子商务专业建设和高素质的技能型人才的培养，这是电子商务专业的建设重点。

二、主要目标

围绕区域发展规划和产业结构特点，"政行企校、四方联动"形成职业教育集团，培养中职人才。充分利用学校和企业两种不同教育环境和资源，通过政府、行业、企业和学校的有机互动，使学校人才培养与企业用人机制有机结合起来，提升我校电子商务专业的市场契合度和学生的竞争力，培养满足市场要求的高素质的劳动者和技能型人才。

三、建设过程

"政行企校、四方联动"围绕中山市产业发展需求，遵循技能型专门人才成长规律，以政府、中职学校、行业协会和行业企业四方组建的行业职教集团为载体，搭建校企合作的宽广平台。

学校借助多方资源，建成了中央财政支持建设的服装专业实训基地、地方财政支持建设的电子商务运营中心，打造了中纺院深圳测试中心中山站、中纺CTTC中山检测中心，承办了服务当地经济转型升级的中山市尚艺休闲服装工程研究开发中心、中山网商青年会人才培训中心，并与多家企业合作，将企业生产线、名师工作室引入校园，为四方合作创造环境。

通过优化环境、行企交流、校企合作团队运营、资源共享等方面，创新人才培养的互动机制、共享机制，构建校企合作资源平台，提升人才培养质量和办学效率，增强行业教育整体核心竞争力，打造中职教育品牌，提升行业职业教育服务能力和区域社会经济发展能力。

推动校企合作的全面深入开展，重点发挥行业协会的桥梁作用，引导企业走进学校，带领学校深入企业，协调学生就业创业。

1. 政行校企集团化合作办学各方作用

政府：牵头作用；制定有关制度，出台文件，牵头组建校内沙溪创意园区，整合多方资源。

行业：引导企业走进学校；带领学校深入企业；协调学生就业创业，起到桥梁作用、指导作用、协调作用；沟通学校与行业、企业之间的联系，指导职业培训，组织实施职业资格认证。

企业：提供人才需求规划，提供实训实习项目资源和兼职教师；参与学校人才培养的全过程，接受学生实习、就业，建立专业教师培训基地等。暴风科技有限公司（TP金牌淘搭档）是企业代表之一，服务于创意园中的电子商务运营中心，进行运营管理和技术支持。

学校：利用行业直接整合共享行业的优势资源，将企业项目引入学校，打造校企双方共同参与的TP团队，使课堂贴近企业工作室，教学贴近企业运营，使专业教学人才培养形成明显的优势。同时为企业员工开展培训，为企业提供技术改造和技术咨询等服务。

2. 政行企校的校企合作模式的运营

（1）充分发挥政府的作用，为四方联动人才培养机制营造良好的合作环境

牵头建设坐落于我校校内的沙溪创意园区，紧密结合地方产业经济，在创意园区打造一整条"产·学·研·销"一体的服装产业链，推动创意园区电子商务运营中心的建设。在园区内提供政策倾斜，鼓励行业企业参与中职职业教育，充分调动政府、行业协会、企业、学校在合作中的积极性。

政府根据学校的实际情况，对校企合作的形式、制度等进行必要的规约，促进学校提升社会服务能力，推进校企合作的纵深发展，形成四方联动、合作办学的长效机制。

（2）搭建校企共享资源平台，整合行企资源

借助电子商务协会等行业平台，推动企业资源全程介入人才培养工作，实现学校和企业各类资源的全方位、全过程互动，行业企业参与学校专业设置论证，为深化工学结合人才培养模式的改革提供支撑，实现校企合作育人、合作就业，为中职人才培养体制改革提供借鉴，为职业教育改革提供案例。

创新校企合作的模式和合作内容，充分利用企业的实践经验，融合行业标准和岗位要求，制定电子商务专业的人才培养方案；校企合作开发课程、共编教材、共建校内外实训基地；在业内典型规模企业建立教

师素质培训基地，企业兼职教师按任务计划进行授课；企业积极提供顶岗实习资源和就业岗位，电子商务专业对口就业率不断提高。

（3）校内积极将企业项目引入学校，打造优质校企TP运营团队

通过校企TP团队的建设，吸引企业为学校人才培养提供相应资源，同时实现企业与学校的良性互动，整合企业的项目资源、技术服务和社会培训资源，将资源共享平台引入校内，为学生提供实践机会和创业机会。校企TP团队运营过程如图1.4所示。

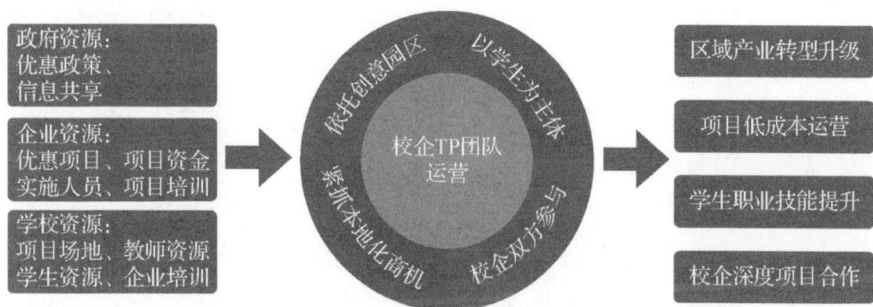

图1.4 校企TP团队运营过程示意图

学校依托创意园区建设，积极将本地企业的实际项目引入学校，并提供工作室场地，通过校内遴选，组建最优秀的师生TP团队。一方面，操作企业实际的项目提升了教师和学生的实战经验和实操技能，师生共同成长；另一方面，企业获得了低成本的人力资源和设备资源，降低了项目成本，获得了更多的市场效益。同时，企业将实际的项目资源引入学校，并配备必要的项目资金和项目实施人员，进行项目的实际运营。

在校企TP团队运营实际项目的同时，学校方面可以为传统企业员工开展培训，为企业提供技术改造和技术咨询等服务。同时，企业精英可以为学校学生开展职业规划或者职业技能的培训和技术咨询。通过校企人员的相互交流与合作，实现校企共建共享、群策群力的局面，为打造区域品牌电子商务专业提供有益的支撑。

3. 政行企校的校企合作模式机制保障条件与措施

①由政府相关职能部门牵头，行业、骨干企业、学校参加，成立创意园区领导小组，确定创意园区建设的发展目标和运行机制，做好经费统筹等工作，协调校企之间的利益关系，统一协调行企、校企关系，积极开展形式多样的校际、校企以及学校与区域间的交流与合作。

②在校内设立校企合作工作小组，全面实施协调各项校企合作的任务，建设校企资源共享平台，通过政府、行业、企业、学校信息上网，实现资源和信息的高度共享。

③政府、行业等应出台相关政策和制度，指导和协调学校与企业的全方位、全过程合作，明确校企双方在合作中的责任、权利和义务，激励企业参与人才培养的积极性，保障校企合作办学的稳定性和长期性。

4. 评价与认识

政行企校深度融合，实现了学校主动适应区域产业结构升级需要及时调整专业结构。深化校企合作、工学交替等多样化的人才培养模式改革，参照职业岗位任职要求制定培养方案，引入行业企业技术标准开发专业课程，探索建立校内外实战实习实训基地，组建以学生为主体的校企TP团队，实际运营企业项目，建立校企双方参与的评价机制，全面提高人才培养质量，促进内涵建设，实现共同发展。近年来，我校先后为十多家中小型企业提供技术服务，并使企业实现成功转型。

第二章

校企合作人才培养模式的突破

第一节 专业对接产业链，教育对接价值链

导读：作为国家首批中职示范校建设单位，我校在不断探索中提出"专业对接产业链，教育对接价值链"的人才培养模式，通过校企合作、产教融合、文化育人等方式，致力将学生培养成为专业精、品行好、文化优的新时代应用型高素质技能人才。在促进学校跨越发展的同时，提升学校发展的软实力，并将此模式成果内化为学校持久发展的基础，拓展学校发展的空间与后劲。

作为首批国家中等职业教育改革发展示范校，我校全面贯彻落实党中央、国务院的有关精神，深化校企合作、产教融合，探索出"专业对接产业链，教育对接价值链"的人才培养模式。近年来，该模式的创新研究与实践取得了丰硕的成果，全面提高了人才培养的数量和质量，打造了中职品牌专业和中职示范学校。该模式成果不仅在服装专业的教学改革与实践中效果显著，在全国中等职业教育各专业教学领域也产生了广泛的影响，获得了2014年国家级职业教育教学成果二等奖。

一、"专业对接产业链"人才培养模式的内涵

我校所在的中山市沙溪镇产业链完整，涵盖服装设计、工艺制作、生产管理、质量检测、产品发布、陈列展示、营销物流和电子商务等环节。我校紧紧依托和服务当地产业，形成了"专业对接产业链"的人才培养模式，即"专业教学对接产业链、实训基地（中心）对接产业链、专业设置和专业拓展对接产业链"。

1. "专业对接产业链"人才培养模式在专业建设和教学改革中的具体做法

（1）专业教学对接产业链，促使教学改革全方位推进

"把课堂搬进车间，让学生上课就是上岗。"这打破了传统的教学模式，促使教学改革全方位推进，实现了"教学过程对接生产过程"。

教学模式方面，学校引入企业进校园，建设教学工厂或教学实训车间，开展生产性实训，把课堂搬进车间，让学生上课就是上岗，让专业

教师与企业技师共同制订和实施教学计划。

教学内容方面，以生产流程为主导定制模块式课程，涵盖设计、制作、质检、展示、陈列、营销、管理等环节。在全国中职领域内首创纺织品检测专业，引入三维人体测量、单量单裁自动裁剪等项目教学，建成服装立体裁剪等6门核心课程，编写《服装立体造型》等13本教材，其中《服装设计款式图表现》《女上装结构设计与立体造型》2本教材被评为"中等职业教育改革创新示范教材"。

教学方法方面，以企业生产任务为教学和实训项目，开展产学研一体化实训，实行项目教学、仿真教学、一体化教学，让学生在真实的工厂和车间环境里"做中学"。

教学手段方面，加快建设教学资源库及信息化平台，共享教学实训案例，让师生随时随地调用丰富的教学资源来辅助教学。

教学评价方面，邀请企业技师参与评价教学效果，结合市场改进学生作品，将作品转化为产品，将产品转化为商品。

（2）把企业生产线引进学校，实训基地（中心）对接产业链，增强企业对专业的人才依存度

把企业生产线引进学校，在实训基地（中心）建设教学工厂或教学实训车间，严格按生产流程和岗位要求配置设施设备，既考虑教学实训需求，又考虑引进的生产线要有代表性和先进性。另外，合作的企业要有共同培养学生的能力和积极性。例如，我校近年来引进的英仕婚纱晚礼服生产线、和鹰单量单裁自动裁剪生产线等都具有以上特点。通过引进企业生产线，实现了校企深度合作和工学零距离，培养出了技能过硬的学生，从而增强了企业对学校专业的人才依存度。

（3）专业设置和专业拓展对接产业链，办有吸引力和生命力的专业

学校专业课程设置紧密结合当地产业。以服装设计专业为例，专业设置和专业拓展紧紧对接产业的发展和需求，结合当地服装产业设计、生产优势明显。而针对服装营销与服装检测不足的现状，学校先后开设了服装检测与营销专业、服装展示与陈列专业，结合市场需求打造具有吸引力和生命力的专业。

除了服装专业，我校还办有工艺美术、计算机、财经和汽车维修等专业。在校企合作上，我校尽可能地进行专业间的资源整合。例如，服

装专业和计算机专业合作开展电子商务专业实训和校企合作，引入中山市买它网络科技有限公司开展校企合作；工艺美术专业和计算机专业合作开展动漫设计专业和实训，与省工艺美术协会等行业协会及中山市恒辉印花有限公司等10多家企业开展合作；汽车专业引进一个二类企业，在校内开展整车维修、钣喷等一体化实训。5个专业间的利益相连，互相合作，共同发展。

2.“专业对接产业链”人才培养模式的重点突破

（1）作品转化为商品，教学改革取得新突破

学校通过校企合作的形式建立了多个教学实训车间，学生在真实的环境下完成企业项目化学习任务，让学生作品转化为企业产品，企业产品再转化为市场商品。同时，改革评价模式，专业教师与企业技师共同参与对学生的教学指导和评价。将生产性实训教学的课程录制成教学视频，上传至学校教学资源库平台，让师生可随时调用丰富的教学资源来辅助教学。至此，在课程、内容、方法、手段、评价上突破传统的教学模式，实现了“作品—商品”的转化，取得了具有我校特色的职教教学改革新突破。工学全面对接，达到校企共育人才的目的。

（2）专业教师到企业实践，企业技师做学校兼职教师，打造专兼职教师队伍

我校十分重视“双师”素质专业教师专业的培养，制定了专业教师到企业参加生产实践的管理制度，规定专业教师每年到企业参加生产实践或挂职锻炼时间不少于1个月。实践的主要形式：一是脱产到校外企业挂职，二是在校内教学工厂或工作室中带项目。通过专业教师到企业实践的管理、考核和激励措施，促进了专业教师成长，使专业教师真正做到“拿起书本能讲，挽起袖子能干”，既是学校教师，又是企业技师。专业教师到企业实践，企业技师做学校兼职教师，打造了一支专兼职“双师”素质专业教师队伍。

（3）与高校合作建纺织服装学院，提升专业人才培养层次

沙溪是中国休闲服装名镇，产业发展对技能人才的要求越来越高。我校在2012年12月与中山职业技术学院签订合作协议，共同建立沙溪纺织服装学院，为区域服装产业培养服装高技能人才。从2019年9月起，我校与中山职业技术学院、中山火炬职业技术学院、广东理工学院等高职

院校合作，在校内设立高职专业学院，招收应届毕业生就读，所对接专业基本涵盖学校所有专业，全面打通并拓宽了学生的升学渠道，并与多所高等学校中高职"三二对接"，使学生通过考核轻松上大学。

（4）与区域行业、企业、职业院校合作，牵头成立服装职教集团，带动区域职业教育发展

在广东省教育厅的支持下，我校牵头成立了广东省服装职业教育集团，并与开设服装专业的省内职业院校、知名服装企业、服装行业协会等机构联合打造集产品开发、人才培养、科技推广、产品展示于一身的公共服务平台，带动了区域职业教育发展。

二、"教育对接价值链"育人模式的内涵及实践

如果说职业教育是培养应用型技能人才，那么我们认为人才的职业操守更为重要。为此，我校提出"教育对接价值链"的文化育人理念，其具体内容包括教育目标对接价值链、教育过程对接价值链、教育效果对接价值链。

1. 教育目标对接价值链，以精神引领幸福职教文化理念

教育的本质就是"育人"，旨在实现人的个人价值和社会价值。因此，我校提出并践行"让学生学会做人，学好技能，为学生幸福而有意义的一生打下良好基础"的办学理念，提炼出"自强不息，和谐发展"的校训、"求真、务实、崇善、尚美、博爱、和谐"的校风、"乐于学习，精于技艺，勤于思考，重于实践"的学风、"德能兼备，爱生敬业"的教风，形成"沙溪理工人精神"的文化精髓，最终凝聚成全校师生的精神共识——打造幸福的职教文化。我校致力于培养学生成为文化优、技能精、理想高、品行好的自强自信、积极向上的青少年，让他们今后能够靠优秀的技能去创造幸福的生活，靠良好的品德去赢得社会的尊重。

2. 教育过程对接价值链，多维度打造幸福职教文化阵地

我校从"立人文之本、承产业之基、聚专家之才、激师生之智、筑幸福之源"五个维度着手，构建让学生有自豪感、自信心，能够实现自我价值的平台，营造文化育人的良好环境，让学生在幸福的环境中学习、生活。在教育过程中，我校从以下几个方面切入，构建高品位的校园文化系统，为学生打造了一个成就梦想、实现价值的成长平台。

针对人文教育，我校将共性文化教育与个性文化教育相结合，针对中职生的年龄特点和心理特点设置课程。在共性文化教育方面，我校开设女生课、电影课、心理课、国学课、职业生涯规划课等，帮助学生树立积极的人生观和价值观，理清发展方向。同时，根据学生个性差异，大力发展社团文化、各专业兴趣学习小组等，发挥学生的优势特点，推动学校的素质文化教育。

针对产业特点，我校以产业作为专业的基础，提出各具特色的专业文化，并提炼出各专业文化理念的精髓，大力营造"美的事业，时尚人生"的服装专业文化、"创新动力，品质生活"的汽车专业文化、"诚信为本，精准理财"的财经专业文化、"设计生活，陶冶思想"的工美专业文化、"分享信息，畅想世界"的计算机专业文化等。

针对校园环境，我校建设了校园文化公园、学校电视台、省一级档案室、独立的图书馆、校企合作展厅、陶艺馆等功能场室，还建设了现代化的服装实训基地、高科技的纺织品检测中心、高质量的研发中心、时尚潮流的名师工作室、蓄势待发的创意设计园等多项物质文化建设。优化、美化学校环境文化，给学生提供了一个环境优雅、内涵丰富的学习环境。

3. 教育效果对接价值链，为学生的幸福人生奠定良好基础

在校园文化建设的带动下，学校价值与学生价值不断提升。建校以来，我校已经为当地社会培养了3万多名既全面又专业，既擅长合作又能独当一面的中高级技能人才和管理人才。他们中既有勇救落水女的中国好人、中山市十杰市民陈嘉庆，抗洪英雄、优秀村干部余志荣，优秀驻村干部陈岳荣和爱国奉献标兵杨劲涛，又有广东十佳服装设计师陈雅洁、林永健，还有身家过千万、乐于慈善的成功企业家李庆伟和李伟声，更有丰田4S店的"机修超人"陈子超等大批在企业生产一线的技术骨干和管理人员，他们成为当地经济建设和社会发展的重要支撑力量。从我校走出了4位中山市十杰市民、多名中山市十杰青年。

三、"专业对接产业链，教育对接价值链"的成果影响

1. 专业吸引力增强，教学质量稳步提高

近年来，我校办学质量不断提高，吸引了广东省内的阳江、蕉岭、

汕尾及云南昭通等地的大批学子纷纷来校就读。同时，大批企业也涌入学校，挑选专业人才，形成了"进口旺，出口畅"的招生就业良好局面。在校生数达5012人，毕业生就业率达100%，专业对口率在85%以上。服装专业学生参加全国职业院校学生技能大赛，实现七连冠。到2021年，我校共获得13个一等奖、12个二等奖、24个三等奖，还获得了全国职业院校学生技能展示特等奖。

2. 打造了"一基地二中心"，提升了专业实训能力和水平

一基地是由中央财政支持建设的服装专业实训基地。二中心，一是由我校与中国纺织科学研究院合作建设的中纺标CTTC中山检测中心；二是我校承办的中山市尚艺休闲服装工程研究开发中心。另外，我校引进中山市服装设计师协会、中山市纺织工程学会，不断提升人才孵化与服务水平。

3. 教学改革成效明显

我校聘请行业企业专家与学校专业课教师一起，建立了与岗位技能相对接的课程体系和课程标准；完成了以典型工作任务为主线的核心课程和教材建设，开发了一系列与产业对接的校本教材，教师主编或参编且出版的教材有21本、校本教材有32本。

4. 建成专业教学资源及共享平台，提升学校信息化、现代化水平

我校各专业与行业、企业、高校、科研院所合作，分别建成了四大教学资源及共享平台，让师生可以随时随地通过网络开展教学和自主学习。资源平台的建设，提升了学校信息化、现代化水平。

5. 专兼职教师团队建设成效突出

近年来，我校培养专业带头人10名，专业骨干教师26名，另外聘请著名服装设计师、汽修技师、工艺设计师等兼职教师达到53位以上；139名专业课教师"下企业实践"或取得相应专业技术资格证书，32人参加国内外省级以上培训1～2个月；全校90%的教师通过"双师型"教育教学能力测评。

同时，我校培养了冯子川、邱祖怀、李浩明3名南粤优秀教师，高家杰、徐璐、袁超等广东省十佳服装设计师、全国十佳制版师。这些教师是校企合作企业的设计总监，更是"一专多能"的"双师型"教师。

6. 产生了一批专业教学改革与实践的典型案例

在"专业对接产业链"人才培养的教学改革与实践过程中，我校教师改革创新、勇于探索、积极实践，总结出了丰富的典型案例30个。这些典型案例的示范作用明显，有较大的学习和借鉴价值。

7. 成果在校内推广应用，带动了各专业的建设和发展

至今，服装设计与工艺、电子商务、汽车运用与维修、会计、动漫设计5个专业均成为广东省中职学校重点建设专业，服装设计与工艺、汽车运用与维修专业实训中心还成为省中职教育实训中心，服装设计与工艺专业实训基地是国家中职教育重点建设实训基地。各专业为社会各行业输送了大量优秀人才。

8. 成果在全省推广，促进了全省中职教育的教学改革

2010年10月，"专业对接产业链，教育对接价值链"人才培养的教学改革与实践成果被作为《广东省中职教育教学模式改革创新案例》向全省推广，促进了全省中职学校服装专业及其他各专业的教学改革。

9. 推进了示范校建设，在全国中等职业教育中产生了重要的影响

2011年12月13日，广东职业教育与产业发展对接暨与粤港澳服装业对话论坛在我校举行，教育部原副部长鲁昕亲临指导。我校在会上做了成果介绍，在国内产生了广泛影响。2011年12月，教育部推荐我校在国家教育行政学院向全国近200所职业院校做示范校建设经验介绍。我校2013年创建成为首批"国家中等职业教育改革发展示范学校"，2020年成为广东省中职学校高水平学校创建单位。我校先后荣获"广东省职业技术教育工作先进集体""广东省中职学校德育示范学校""广东省心理健康教育示范学校""黄炎培职业教育奖优秀学校""全国教育系统先进集体"。

实践证明，"专业对接产业链，教育对接价值链"的探索让我校的改革走出了一条可持续发展之路。今后，我校将继续深化产教融合，扩大校企合作，强化人文教育，增强学校发展的软实力，最大限度地挖掘中职学校育人及服务社会功能，并使其影响力辐射全国。

第二节　电子商务专业人才培养
模式改革案例剖析

导读：本节将探讨中等职业技术学校电子商务专业人才培养模式改革思路，以提高质量为核心，加强内涵建设，深化教育教学改革，进一步提升学校的办学水平，为当地经济发展做出贡献。

一、实施背景

根据《国家中长期教育改革和发展规划纲要（2010—2020年）》和《教育部、人力资源和社会保障部、财政部关于实施国家中等职业教育改革发展师范学校建设计划的意见》（教职成〔2010〕9号），我校按照创建国家中等职业示范学校的要求，将电子商务专业确定为重点建设专业，对电子商务专业人才培养模式进行了进一步的深化改革。

中山市沙溪镇被誉为"中国休闲服装之都"，传统的劳动密集型的服装产业是沙溪镇的支柱产业。中山市政府、沙溪镇政府明确提出发展电子商务是促进经济结构转型的重要手段和突破口。因此，服务当地区域产业升级，改革创新电子商务人才培养模式势在必行。

我校电子商务专业原有的专业课程体系的课程设置偏向理论教学，教材不适用企业岗位技能的培养。虽有一批具有较高素养的教师团队，但企业实践能力不强。虽有较好的电子商务实践基地，但仍需进一步完善校内外实训基地建设，形成理实一体化项目教学，提升学生的综合应用能力。

二、主要目标

针对区域经济特色，专业对接产业，结合我校的实际情况，电子商务专业实施"校企互联，五双并行"人才培养模式的改革。培养满足市场要求，有一定的创新意识，具备电子商务综合职业能力，在电子商务行业、企业一线工作的高素质劳动者和技能型人才。让学生升学有保障、就业有优势、择业有余地、创业有基础，提升中等职业教育的活力和生命力。

三、实施过程

1. 构建"校企互联，五双并行"的人才培养模式

"校企互联，五双并行"的"五双"是指"双师制、双训制、双岗制、双评制、双证制"。"双师"由专业教师和企业导师组成；"双训"是指完成从模拟实训到实战训练的过程；"双岗"则包括试岗和顶岗两个阶段；"双评"由学校评价和企业评价共同组成；"双证"则是学生要取得本专业技能证书和相关（行业）技能证书，同时取得毕业证书。人才培养对接用人需求、专业对接产业、课程对接岗位、教材对接技能的要求，构建和完善校企合作运行机制下的电子商务创新人才培养模式，如图2.1所示。

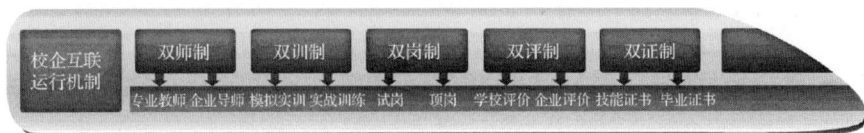

图2.1 "校企互联，五双并行"电子商务专业人才培养结构图

①双师融合建团队。整合学校优势资源，开展理实一体化课程。在实践过程中，实行双师制，形成一教一导，优势互补，实现专业教师与企业技能导师共同授课，提升学生的综合应用能力。

②双训结合提能力。双训包括模拟实训和实战训练。模拟实训主要采用国泰安模拟实训软件、慧源电子商务教学实训软件、校内 E 城商城等平台模拟实训。企业实战训练是利用中山市电子商务网商联盟（e服网）、自主品牌酷侣（酷衣绡）淘宝店、贝利爽天猫旗舰店、水牛城服饰微营销等"校中企"的真实平台，学生成为企业员工，在真实的环境中进行实战训练，提升学生的岗位技能和职业能力。

③双岗交替树优势。试岗：将学生的特长和企业需要相结合，让学生在某个工作岗位先尝试工作一段时间，以考察其是否适合这一岗位。顶岗：确定最合适的工作岗位，能独立完成工作任务，发挥潜质，满足企业岗位需求。学生经过顶岗实践后成为就业有优势、创业有基础的毕业生。

这里包含两个方面的做法：一是先试岗再顶岗，利用"校中企"的优势，实现试岗到顶岗的零空间及有效对接；二是试岗和顶岗交替运行，由于电子商务行业的特点，其岗位技能的要求既具有单一性又具有复合性，而且有些岗位的人数要求有限，因此，不太可能让学生全部试岗后再顶岗，而是根据企业的实际需求实行试岗和顶岗交替运行，让学生都能得到真实岗位的磨炼。

④双评结合促改革。实现校企共评，推进课程教学改革，对教学过程及人才培养的质量进行全过程的督导和评价。学校与企业对学生顶岗实习的工作能力及工作态度进行评价，考评合格者由企业颁发实践工作经历证书。

⑤双证并举促就业。学生取得职业技能证书及毕业证书后，可以直接同紧密合作的企业签订就业协议书。校企共同开通"双证"就业直通车。

2. 构建适应创新人才培养模式的课程体系

我校在遵循客观教育规律的基础上，充分调动学生学习的积极主动性，以学生为主体，构建了"理论、案例、模拟、实战"四位一体的课程体系，实现了理实一体化的课程教学模式，完善了"网店经营与管理"等5门与岗位能力对接的核心课程标准，开展了模块化递进式的教学改革，实现在校内企业文化氛围下，让学生参与电子商务的工作项目任务，创新教学方法，推行项目教学法，如图2.2所示。

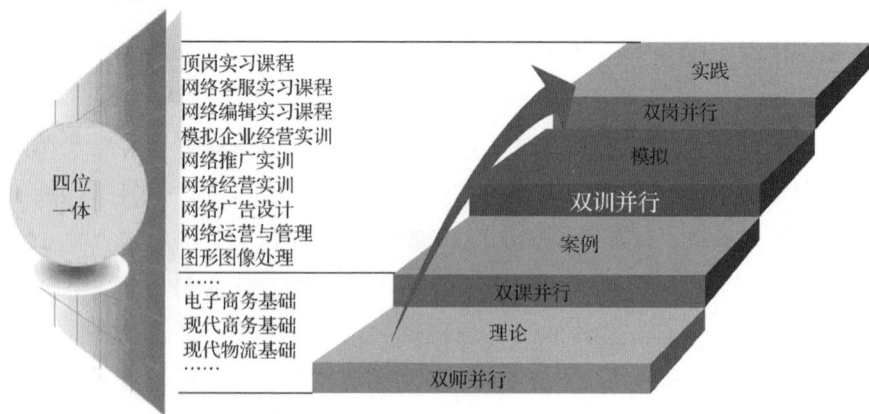

图2.2 "理论、案例、模拟、实战"四位一体课程体系结构图

3. 打造德能兼备的"双师型"师资队伍

通过"四结合，四提升"的方式，优化师资队伍结构，即专职教师与兼职教师结合建团队，骨干培训与全员培训结合强质量，学历培训与技能培训结合树优势，自主培训与外出培训结合提经验。我校已逐步形成了一支人员精干、素质优良、结构合理、德能兼备的师资队伍。在31人的教师团队中，培养了中山市教学名师1名、学科带头人2名、校级骨干教师8名、"双师型"教师27名，比例达87%；同时，聘请16名企业的能工巧匠组成兼职队伍，形成专兼互补，推动专业发展。

4. 实行政行企校联动的校企合作模式

积极探索与实施"政府牵头、行业指导、企业参与、学校主导"的校企合作模式。以政府、中职学校、行业协会和行业企业四方组建的行业职教集团为载体，建设沙溪创意园区，搭建校企合作的平台，从而形成资源共享、过程共管、互利共赢的人才培养机制，实现政府、行业、企业、学校四方共赢，如图2.3所示。

图2.3 "政行企校、四方联动"合作模式示意图

通过优化环境、整合资源，把中山市尚艺休闲服装工程研究开发中心、中山市十点钟文化传播有限公司、中山市买它网络科技有限公司引进学校，建立2个校内实训基地。以工作室的方式开展真实的企业项目，这为校企双师共育英才创造了宝贵的基础条件。

四、条件保障

1. 组织保障

为保证人才培养方案的有效实施，我校在组织机构方面进行了一些调整，从而保障人才培养方案的顺利实施。

首先，成立了以校长为组长，相关副校长为副组长，有关专业部及教务处人员为成员的领导小组，负责全校人才培养方案的修订、实施等。各专业部在此基础上成立了以专业部负责人为组长的部门领导小组以及由各专业教师为成员的工作组，负责本专业的人才培养方案的组织和实施。其次，成立了专业建设指导委员会。校企合作委员会负责协调落实校企合作的相关事宜，专业建设委员会由专任教师及相关企业的技术专家等组成，负责专业设置、培养目标、教学计划和专业发展规划的论证与审定，指导专业教学改革和专业建设。

2. 制度保障

我校制定了《中山市沙溪理工学校校企合作管理制度》等相关制度文件来保障理论和实践教学的顺利实施与运行，并制定了《中山市沙溪理工学校教学质量监控体系管理办法》等相关文件来加强教学管理，提高教学质量，全面系统和科学有效地监督、检查、评估、反馈和调控。

五、实际成果、成效及推广情况

1. 双师团队见成效

通过专业师资队伍的"鹰成长培养计划"，培养了一批电子商务专业教学名师、专业学科带头人及骨干教师。同时，我校从行业、企业引入或聘请兼职教师，形成一支德才兼备、素质优良、结构合理的专兼职结合电子商务专业高素质教师队伍，如图2.4所示。

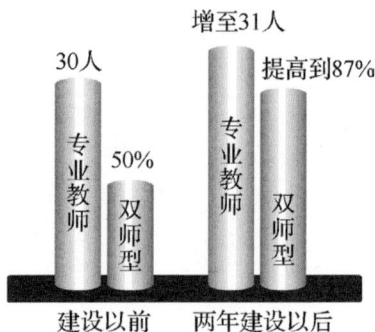

图2.4　电子商务专业师资队伍建设成效显著

2. 双训结合强内涵

我校从人才培养改革的需求出发，通过双训制，强化校内外实训环节的对接，学生技能得到进一步提升。

3. 双岗培养树优势

通过试岗与顶岗的结合，促进学生专业知识、实践技能和创新素质的协调发展，强化学生职业道德、职业精神和职业能力的综合培养。学生通过试岗掌握进入真岗的技能要求和企业真实岗位要求，为进入顶岗阶段打下坚实基础，实现试岗与顶岗的零距离对接，如图2.5所示。

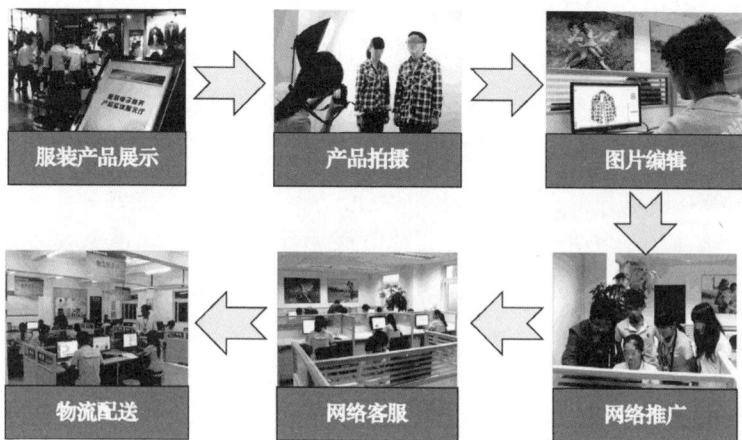

图2.5 "双岗"实践环境

4. 双评改革强质量

引入企业和社会的评价，校企双方共同制定评价标准，使学生实践能力的评价更科学，使职业教育教学更贴近企业和社会的需求。

5. 双证融通出经验

通过学历证书与职业资格证书这两类证书内涵的衔接与对应，实现学历教育与职业资格培训的融通，实现"一教双证"。在教学中，我校将职业标准融入课程教学内容中，通过专业和课程改革，形成与市场对接的人才培养方案和课程体系，将中职教育中的课程标准与职业资格证书制度的职业标准相对应，使"双证书"制度落实到日常教学中，培养出与现场"零距离"的人才。此外，根据电子商务专业的特点及实际岗位对技能的要求，我校尝试实施"多证毕业"。同时，在课程体系中安排证书课程，除了要求电子商务专业核心技能资格证书[通常指（助理）

电子商务员]，还要求参加与本专业岗位相关的图形图像编辑、营销等方面的技能课程及考核等。通过"双证"或"多证"考核，学生增添了适应社会和更好就业的羽翼。

6. 专业对外培训，对企业、社会服务功能增强

围绕网络营销、网络编辑、网络客服等电子商务相关职业岗位所需的职业道德、知识和技能要求设置课程；毕业生专业对口率、用人单位满意度等逐年提高，有利于提高学生的职业能力，为专业服务产业提供了强有力的支撑。我校学生先后获得广东省电子商务项目技能竞赛团体二等奖，全国高校"创意、创新、创业"电子商务挑战赛暨全国大学生电子商务竞赛全国决赛团体一等奖。计算机专业的学生参加广东省技能竞赛共获得省一等奖9个、省二等奖3个、省三等奖2个，参加中山市技能竞赛共获一等奖6个、二等奖11个、三等奖18个。我校先后有3个项目获得广东省"互联网+"创新创业大赛金、银奖。获奖学生成为企业"抢手货"，毕业生成为中山市知名品牌电商团队的核心，毕业生成立中山市暴风科技有限公司，为区域经济转型提供电子商务专业的技术支持及服务，服务质量已成为行业中的标杆。

六、体会与思考

通过实行"校企互联，五双并行"人才培养体系，我校培养出来的毕业生能够适应区域经济特色发展建设及电子商务行业与相关岗位需要，真正做到为区域产业转型升级服务。我校先后为中山市10多家企业提供电子商务相关咨询及技术支持。校企合作建立中山市直播人才孵化基地，为中山网商青年开展技术培训，为中山市残联开展公益培训，为企业转型升级提供信息咨询及微营销技术支持，实现我校的社会效益和社会价值。我校将企业引入学校，开创了一条深度的校企合作之路，并且为地方产业经济转型升级做出了应有的贡献。今后我校将继续努力，希望这种校企合作模式发挥更多的正能量，实现校企共赢，为推进职业教育改革发展做出有益的尝试。

第三节　中职生工艺美术专业分层
教学人才培养模式改革初探

　　导读：目前，职业教育的人才培养模式就是"以服务为宗旨、以就业为导向"的教育类型，因此，我校积极调整职业教育的层次、布局结构及培养期限和方式，坚持多样化、灵活性、不拘一格的培养方式。学生在校期间考取国家相关职业资格证书的同时，课堂教学也利用实景职场、虚拟职场，让学生尽早进入职场，逐步达到知行并重、学做合一。另外，我校根据各专业的课程设置及教学计划安排了为期半年到一年的时间，让学生在专业实训基地实习、实训。在这种教学模式下培养出来的学生，责任心强、适应性好、能力强、上手快、肯吃苦、会沟通，深受用人单位欢迎。

　　在国内，随着知识经济时代的到来，传统的人才培养模式已不适应形势的发展、市场的需求，中职学校的教育必须打破常规，探寻新的培养模式。工艺美术专业更需要建立新的人才培养模式。

　　我校工艺美术专业结合当地的周边经济发展资源，以休闲服装产业为背景，注重学生课程与岗位对接，做到按需教学，让不同层次的学生都得到发展和提高。应对学生进行分层，探讨分层式教学，有效利用和整合资源，以适应具有地方特色的工艺美术专业人才培养模式的需要。

一、工艺美术课程教学现状

　　1. 学生基础参差不齐

　　①近20%的学生对工艺美术专业不了解甚至不感兴趣（抽样调查数据）。

　　②学生的知识基础与普通高中学生相比存在较大差异。

　　③我校大多数学生来自本市各镇区，有少部分来自周边省市地区。

　　2. 教学模式相对陈旧，学生学习个性无法发挥

　　①工艺美术专业虽然改进了教学手段，使教学内容表达趋于直观，增大了课堂信息量，提高了教学效率。但是教与学的关系还是"你教我

学"，有所不同的是将教材内容搬上了屏幕，学生始终处于被动学习的地位，"以学生为中心"的教学观念只是在少部分教师身上体现，学生获取知识和信息的渠道相对有限。

②由于同一学习起点的学生存在着学习上的差异，采取相对单一的教学组织形式，难以适应不同层次的学生，不利于因材施教。

二、工艺美术专业课分层教学建议

1. 分层思路

对学生按以下思路进行分层教学。

①按照学生的毕业去向分层分班教学。具体做法：入学时进行摸底调查，既了解学生的知识和能力水平，又了解学生对就业与升学的选择，在尊重学生和家长意见的同时，反馈学生自身的学业情况，正确定位。然后以学生的基础和发展为依据，分成两个层次，即升学班与就业班。一年级教学时，两个班的主要文化课安排同样的教材、同样的进度，知识教学的目标和知识的难度有区别，升学班更注重应试能力的训练，就业班则突出文化知识与职业实践、实操实训的结合。二年级学生通过考查后开始进行专业实训实操课程的侧重，注重专业技能的实际应用。升学班进一步强化文化课与主要专业课，就业班则以职业技能训练为主。

②教师在教学过程中，充分了解学生的实际情况，根据学生的知识基础、学习能力和学习态度等，将学生大致分成3个层次：将基础扎实、接受能力强、学习自觉、方法正确、成绩优秀的学生划为A层；将知识基础和学习能力中等水平、学习比较自觉、有一定的上进心、成绩中等的学生划为 B 层；将知识基础和学习能力欠佳、接受能力不强、学习积极性不高、成绩欠佳的学生划为C层。

2. 采用项目教学

采用项目教学，即教师把基本教学目标分解成包括几个相关知识点或技能点的若干子项目，然后根据各子项目来设计教学、安排作业，有针对性地提高学生的操作技能。

3. "分层互动"的教学模式

"分层互动"的教学模式，这里的"分层"是一种隐性的分层。教师要通过调查和观察，掌握班级内每个学生的学习状况、知识水平、特长爱好及社会环境，将学生按照心理特点分组，形成一个个学习群体。利用小组合作学习和成员之间的互帮互学形式，充分发挥师生之间、学生之间的互动、激励，为每个学生创造整体发展的机会。特别是学生间的人际互动，利用学生层次的差异性与合作意识，形成有利于每个成员协调发展的集体力量。

4. 分层教学的具体做法

（1）通过不同层次，设定不同教学目标，实施具体项目

为不同层次的学生设计不同层次的教学目标。分层教学是在班级授课制下根据学生实际学习程度施教的一种重要手段。在教学过程中，根据学生所在的不同层次，制定不同的学习目标。

A层：严格按照中职专业课程完成教学内容。在此基础上，培养学生的自学能力，提高A层学生对专业课程的综合实践能力。

B层：抓实工艺美术基础教学，强化一年级学生对基础造型能力的认识，培养其学习兴趣。增强学生学习专业的自信心，鼓励B层中部分学生向A层移动。

C层：完成最基本的学习任务，如对设计基础、美术基础的认识。同样鼓励C层中部分学生向B层移动。

（2）改进教学方法，提高课堂效果

教学内容与教学方法相辅相成，改革教学内容必须改进相应的教学方法。一是聘请行业、企业专家人士担任学校教学顾问，成立指导委员会，共同参与教学内容的改革；二是进行市场调研，了解市场的岗位需求，结合行业、企业人才需求及时调整教学内容；三是加强师资队伍素质的提升，制定专业教师下厂实践方案，让教师的教学实践能力充分通彻；四是遵循"学生为主体，教师为主导"的教学规律，改变以往单纯传授知识的观念，注重培养学生分析问题、解决问题的能力，注重培养学生的动手实践能力，提高课堂实效。

（3）在课堂上实施分层教学

课堂教学是实施分层教学的主要方式。教师要根据不同层次学生的认知水平和教学目标，对课本内容和市场的岗位要求进行相应的整合，并注意内容的难度和梯度。对于 A 层学生，要设计一些具有灵活性和难

度较大的问题，注意培养学生思维的灵活性，提高学生的应变能力。对于B层学生，实行精讲精练，重视双基教学，注意在掌握基础知识和训练基本技能上下功夫。对于 C 层学生，则要求低、坡度小，关键在于培养学习的兴趣，树立他们学习的信心，因此设计的问题要简单、梯度要小，让他们获得成功感，从畏惧、厌烦学习转到愿意学习上来，充分发挥学生的非智力因素作用，让学生只要努力，就能享受到成功的快乐。

三、工艺美术专业分层教学的作用

1. 教师便于组织教学

实施分层教学后，教师不再感到无从下手，通过具体的项目，根据不同层次的学生有针对性地组织专业教学，集中精力对所教层次的学生特点进行分析，对教学内容和教学方法进行深入的研究。

2. 使后进学生信心增强

以往，能力较弱的学生没有自信，因为无论上课还是考试都排在最后面。实行分层教学后，适用于他们层次的内容是可以完成的，这样他们便有了学习的信心。

3. 因材施教，满足学生的学习需求

根据学生不同的基础，为其制订合理的教学计划，使3个不同层次的学生都能充分合理地利用时间和资源达到既定目标。

4. 教学资源得到充分的利用

很显然，分层教学对教师的能力有了进一步的要求，教师需要充分发挥自己的能力；学校为了适应不同学生的层次要求，会尽量创造各种机会，原本"固定"的东西也会"动"起来，教学就有了生机。

总之，分层教学的实施是一项系统工程，由于学生间存在个体差异，分层教学符合学生的学习心理和课堂教学的原则，使所有的学生各得其所。尤其在中职专业教学中，特别要注意涉及教学理念、教学目标、课程设置、分层教学原则和教学管理等方面的改革。教师要改变教学观念，真正把提高学生工艺美术方面设计的能力作为教学的重要目标。在课堂教学活动中，教师应了解学生的需求和教学的目标，不断地转换自己在课堂教学中的角色，采取精讲多练的方式，充分发挥学生的学习积极性和主动性。

第三章

校企合作专业建设的突破

第一节　校企合作运行机制下

"校企双岗"教师队伍建设

导读：中职学校随着办学规模的不断扩大，教学改革的不断深化和社会需求的不断增加，要提高教学质量，办出自己的特色，很大程度上取决于该校的师资队伍。"双师型"教师的比例可以说是一所职业学校师资力量的重要指标。校企合作运行机制下的"校企双岗"教师队伍建设，能够有效提升职业学校的师资水平，提升办学水平。

一、"校企双岗"教师队伍建设背景

1. 国家职教改革发展的需要

《国家中长期教育改革和发展规划纲要（2010—2020年）》提出"到2020年，形成适应经济发展方式转变和产业结构调整要求、体现终身教育理念、中等和高等职业教育协调发展的现代职业教育体系"。从中可见，"现代职业教育体系"的首要特征就是要"适应经济发展方式转变和产业结构调整要求"，这需要通过教学标准与用人标准的融合，实现专业建设与产业发展对接。

2. 行业企业的需要

没有一批好的教师，就无法走好产教融合、校企合作的道路。教师作为其中具体的联结者、操作者，必须身临其境、身在其位，如此才能在理念上与企业融合共通，在具体的生产工艺、管理和研发上与企业合作共进。以服装专业中"婚纱加工"这一工艺为例，有裁床、配件、附件、车工、中查、手工、洗油、尾查、包装等16个环节，分裁剪、钉珠、排花、手工花、修下脚等13个工艺工种，原材料有主料、里布、坯布、鱼骨、配件等8种，流行色彩有白色、速品蓝、奶黄等10种。如果中职学校的专业教师不能从企业生产的角度精准掌握和安排这些生产工艺，就无法按照企业真实的生产管理要求开展实训教学，也就难以保证学校培养出来的人才符合企业要求。

3. 学校发展的需要

（1）校企合作工作室对专业教师的要求

随着"专业对接产业链"人才培养模式的推进，我校不断构建和完善校企合作运行机制，实施"实训中心对接产业链"的举措，以龙头专业服装专业为带动，把企业引进校园，把课堂搬进车间，企业和学校共同制定和实施人才培养方案。为了吸引企业进驻学校建设校内实训基地，学校主动提供场室，结合服装产业链需求引进企业进校园，把课堂搬进车间，开设教学工厂或教学实训车间，邀请企业把生产设备、技术精英长驻学校，与学校教师共同计划、实施和改进教学，即以企业生产任务为实训项目，按照生产实际进行运作，实行项目教学、仿真教学、一体化教学；与知名设计师和高级技师开设名师工作室，将教师和学生编配到各名师工作室中进行培养。

到2021年，我校共开设了服装礼服、陈列与展示设计、会计事务等专业工作室27个。这些工作室在学校校企合作的运行机制下，基于培养师生的目标，与企业共同开展产品设计、样品制作、工艺改进和流程管理等内容的生产性实训。

（2）当前中职学校专业教师存在的成长问题

在学校各工作室各项校企合作项目的运行过程中，学校专业教师面临学校和企业的双主体管理，其能力和综合素质也面临全新的考验，至少存在以下问题需要解决。

①专业教师不仅传授比较稳定的专业知识，还传授需要长期训练形成的专业技能。目前。大部分专业教师是从学校到学校，缺乏社会体验、企业经历和技能检验，并且随着社会生产技术的进步和更新，中职教师改进技能的频率和压力不断加大。

②专业教师除完成日常的教学任务外，还需要参加企业实践，承担与企业合作开发产品、改造生产等任务，内容更为复杂，风险更为多变，时间和精力的安排须更为精准和高效，相应的考核和回报也会影响工作积极性。

③中职学生的文化基础较差，部分学生行为习惯有所偏差，教学环境需在课室、校内实训室、校外实训基地或企业之间转换，这使得中职教师在管理过程中需要花费更多时间和精力。

可见，中职学校专业教师存在专业技能水平不够、课程开发能力较弱、理论水平偏低、社会阅历浅薄等问题，这不仅决定教育教学质量和自身职业成就，在一定程度上也决定着学生的创新能力和学校的综合实力。

二、"校企双岗"教师队伍建设模式

1. "校企双岗"教师的定义

随着国家加快发展现代职业教育，鼓励中职学校大力开展产教融合、校企合作的改革实践，中职学校教师，尤其是"双师型"教师与企业的联系越来越紧密，到企业挂岗锻炼的机会不断增多，部分教师同时承担学校专职教师和企业兼职人员"双岗位"工作。我们暂且将这样的教师定义为"校企双岗"教师。

"校企双岗"教师主要来源于"双师型"教师。"双师型"教师是指同时具备教师资格和职业资格，教育教学能力和工作经验兼备的复合型人才，他们往往是中职学校校企合作的骨干教师和专业带头人，既承担着学校专业建设和教学的重大任务，也在校企合作中具体完成专业设置、教学设计、实训指导和教学评价等核心任务，有的还兼职企业生产总监或设计总监，承担着企业的产品服务研发的任务。他们的工作内容既有教师教书育人的部分，也有企业人员参与生产经营管理的部分。

2. "鹰成长"梯队师资队伍建设模式的深化

自2010年学校申报创建首批国家中等职业教育改革示范学校以来，我校基于中职学校专业教师队伍建设过程中遇到的实际问题，并借鉴大自然中鹰的生命成长过程，提出"鹰成长"梯队师资队伍建设模式，将中职学校专业教师的职业生涯过程大致分为"雏鹰"新教师、"飞鹰"教坛新秀、"精鹰"骨干教师、"雄鹰"专业带头人4个阶段，提出并实践"鹰成长"梯队师资队伍建设模式。该模式在组织人力资源管理与个人职业生涯发展相关理论的指导下，通过分析和借鉴自然界中鹰的成长过程及特点，找出教师成长与群体发展的相通之处，通过组建管理机构和人员，针对专业教师选拔、培养、使用、考核、晋升、聘用中遇到的层次不明、标准不定、优劣难分等难题，对应构建一系列工作规划、计划、方案、标准和制度，实行分段梯队培养计划和考核评价，如

表3.1所示。

表3.1 我校"鹰成长"梯队师资队伍建设模式分段培养过程

计划	培养对象	培养时间	培养内容	培养途径	考核评价标准
雏鹰计划	新教师	1年	师德：遵循师德规范，工作态度认真，安心做好本职工作，不好高骛远	团队合作、培训、传帮带	新教师评价标准
			师识：了解职业背景知识，掌握教育知识，学科基础知识扎实		
			师能：侧重专业教学能力，能有效组织教学工作；重视自我学习能力		
飞鹰计划	教坛新秀	2~3年	师德：教育思想端正，热爱本职工作，正确认识职业教育	团队合作、培训、传帮带	教坛新秀评价及认定标准
			师识：侧重职业背景知识，重视专业理论知识与专业实践知识		
			师能：侧重教育教学能力、能高效驾驭课堂能力；重视个人专业实训实操能力和组织实习实训活动能力		
精鹰计划	骨干教师	3~4年	师德：爱岗敬业，治学严谨，为人师表，将个人事业与学校发展紧密联系，教书与育人并重	名师引领、培训、管理团队	骨干教师评价及认定标准
			师识：关注职业背景知识，掌握行业发展现状，掌握专业发展知识等		
			师能：重视专业教学能力、专业实训能力、企业实践能力、管理与协作能力、教科研能力和课程设置能力		
雄鹰计划	专业带头人	3年以上	师德：侧重师德规范，至少曾获得市镇级优秀教师、德育先进工作者等荣誉称号；将个人事业与学校发展紧密联系，主动为学校献良策、做贡献	名师引领、培训、管理团队	专业带头人认定标准
			师识：重视职业背景知识，了解行业现状、岗位需求和专业发展方向		
			师能：侧重培训指导能力、领导专业建设能力、教科研能力、管理与协作能力、企业实践能力		

（1）培养途径

"鹰成长"师资队伍培养的指导思想遵循发展理论，以人为本，以管理为手段，以服务为保障，形成名师引领，团队合作，各类培训，专业教师传帮带，企业挂职、培训和实践，教科研培养等多种途径。

①名师引领：引进名师，建立名师工作室，重点指导专业带头人、专业骨干教师，规划专业发展方向、人才培养模式和课程体系设置等，并面向专业全体教师开展讲座，引领教育教法改革。

②团队合作：受教师个体能力的限制，教师的发展必须依赖团队的力量，集群体之优势、群体之智慧，提升教师的专业能力和水平，打造各专业教师团队。

③各类培训：包括全员参加的校本培训、市镇级专业教师继续教育培训、选拔优秀教师参加的省级培训、骨干教师或专业带头人参加的国外培训和其他培训。

④专业教师传帮带：实行层级帮扶，以一带多、全员结对的方式，依次是专业（学科）带头人带专业骨干教师，每个专业带头人要培养1~2名骨干教师，每位骨干教师带1~2名教坛新秀，每位教坛新秀带1~2名新教师。

⑤企业挂职、培训和实践：规定专业教师每年不少于1个月时间到企业参加生产实践或挂职锻炼。主要以到现场观摩、技能培训、岗位实训等形式为主，了解企业的日常管理、工作流程，熟悉相关岗位职责、规范、用人标准及管理制度等内容，学习新知识、新方法，完善教学方案，改进教学方法。

⑥教科研培养：鼓励教师参加教科研活动，包括课题研究、教材编写、承担核心课程、撰写论文等常规性教科研活动，重视教师带竞赛、带考证等方面的能力培养，体现以赛促教、科研立校的特色。

（2）评价管理体系

"鹰成长"师资评价管理按照过程评价原则，综合学校及政府、企业、行业的要求，立足德、识、能、勤、绩的综合考量，采取自评、他评、互评的方式，形成多元化评价主体、多层次评价标准、多渠道评价方式、全方位评价内容的评价管理体系，如图3.1所示。

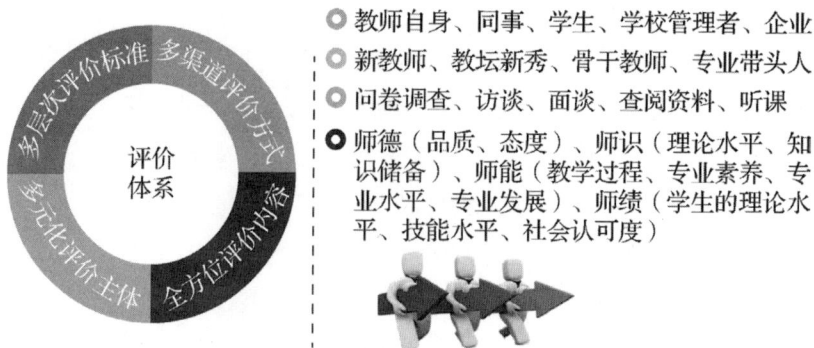

- 教师自身、同事、学生、学校管理者、企业
- 新教师、教坛新秀、骨干教师、专业带头人
- 问卷调查、访谈、面谈、查阅资料、听课
- 师德（品质、态度）、师识（理论水平、知识储备）、师能（教学过程、专业素养、专业水平、专业发展）、师绩（学生的理论水平、技能水平、社会认可度）

图3.1　我校"鹰成长"师资队伍建设模式评价体系

①多元化评价主体：包括教师自身自我评价，同事之间互相评价，学生评价任课教师，学校管理者对教师各项表现做出综合绩效考评，教师下企业挂职、培训或实践锻炼，企业对教师的表现给出评价，可供学校参考。

②多层次评价标准：包括新教师评价标准、教坛新秀评价及认定标准、骨干教师评价及认定标准、专业带头人认定标准等。

③多渠道评价方式：包括问卷调查、访谈、面谈、查阅资料、听课等多种评价方式或渠道，最后形成综合评价。

④全方位评价内容：包括教师的师德（品质、态度）、师识（理论水平、知识储备）、师能（教学过程、专业素养、专业水平、专业发展）、师绩（学生的理论水平、技能水平、社会认可度）等方面内容。

三、当前"校企双岗"教师队伍管理存在的问题

目前，很多学校对"校企双岗"教师进行选拔性素质测评时，通常呈现教育体制内的单向选拔的特征，或者由学校领导点名选用，或者教师自愿报名，或者小团体内采用投票等方式选拔。以上的选拔方式都不够科学，不能真正根据岗位要求和人员本身素质综合考量，使得教师在思维上只是把校企合作当作教学任务而不是岗位工作来执行，不但不能长期有效激发教师的积极性，也容易导致教师产生"谁都能干，谁干都一样"的错觉，缺乏人力资源效益观念，以致与企业交流合作起来始终欠缺契合度，从而影响校企合作的教学质量。

四、"校企双岗"教师队伍建设模式的具体实施

我校"校企双岗"教师队伍建设模式如图3.2所示。

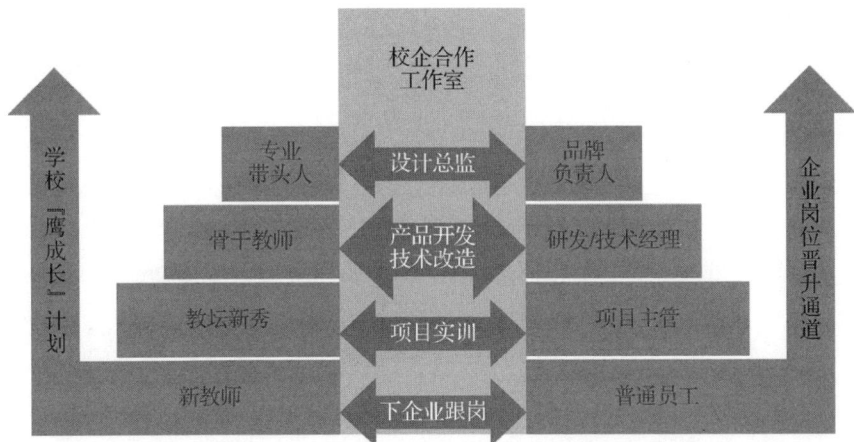

图3.2　我校"校企双岗"教师队伍建设模式示意图

1.　"校企双岗"教师选拔性素质测评遵循的原则及要求

任何岗位的设置与选拔都要遵循个体差异、工作差异和人岗匹配3项原则。对"校企双岗"教师进行选拔性素质测评时，应同时注重"学校教师"与"企业员工"的双重考量。首先是"学校教师"身份，其产出反映在人才培养及数量和质量上，选拔性素质测评中主要是教育教学的工作岗位要求，即要注意本人从事任教的素质及能力。再者是"企业员工"身份，要融合企业生产经营对岗位人员的素质要求，注重考量其对他人及组织可能形成影响的核心因素，如专业技能素养、沟通与协作能力、团队管理能力。只有兼顾两者要求，才能同时满足学校教书育人和企业生产管理的要求。因此，素质测评指标和标准的设计应考虑两者的交叉性、综合性和特殊性，以助于教师最大程度地适应双岗需要，以在校企合作中更好地开展教学服务。

同时，选拔性素质测评是以选拔优秀员工为目的的测评，具备强调测评的区分功能、测评标准刚性强、测评过程强调客观性、测评指标具有灵活性、结果体现为等级或分数等特点。在"校企双岗"教师选拔性素质测评中，还要注意不同层次岗位的指标标准有所差异。

由上可见，我校在校企合作过程中已经形成了学校和服装专业部的

双层校企合作团队。学校教师全程参与项目的调研、评估、规划、实施、考核、改进等环节，通过内部选拔的方式，形成了学校校企办公室主任、专业部长、专业教师和助教四级岗位的合作关系。因此，"校企双岗"已经不只是一个岗位，而是一类岗位。在素质测评的内容和要求方面，不同界别的岗位应该有相同之处，也应当存在差异，如表3.2所示。

表3.2　我校校企合作层级岗位及分工

层级	岗位	分工
学校	校企办公室主任	项目规划和审核
专业部	专业部长	教学规划与监督
	专业教师	教学计划与实施
	助教	辅助教学管理

2. "校企双岗"教师选拔性素质测评指标及标准体系设计

2014年，我校开展《中职生"校企双岗"教师选拔指标内容调查》，选取50位专业教师和15家与学校已经开展校企合作的企业进行问卷调查。

（1）"校企双岗"教师选拔性素质测评指标设计

经过对调查结果的分析，结合实际工作的需要，最终将"校企双岗"教师选拔性素质测评指标分为4个一级指标，即品德素质与职业素养、教学设计与实施能力、校企合作项目运作与管理能力、优势培养与综合评价能力，并分别细化成二级指标，赋予相应的分值，如表3.3所示。

表3.3　我校"校企双岗"教师选拔性素质测评指标

一级指标	二级指标	分值	总分
品德素质与职业素养	恪守教师职业承诺	6	20
	所授专业知识与技能	6	
	学习与探索	8	

一级指标	二级指标	分值	总分
教学设计与实施能力	信息与技术素养	8	30
	设计与组织能力	8	
	一体化教学能力	8	
	教学反思与分享	6	
校企合作项目运作与管理能力	校企合作教学能力	10	30
	协调与影响力	10	
	处理紧急危机能力	10	
优势培养与综合评价能力	多元与个性培养	6	20
	发展性学生评价	6	
	营造职业认同感	8	

（2）"校企双岗"教师选拔性素质测评标准设计

标准是指测评标准体系的内在规定性，表现为各种素质规范化行为特征或表征的描述与规定。"校企双岗"教师选拔性素质测评标准是对上一级指标的内涵描述。该类岗位的标准如表3.4所示。

表3.4 我校"校企双岗"教师选拔性素质测评标准

一级指标	二级指标	一级标准
品德素质与职业素养	恪守教师职业承诺	热爱教育事业，正确认识并坚持从事职业教育，热爱和尊重学生，有强烈的责任感，认真执行日常教学任务，关心学生身心健康成长，言行举止积极正向、符合社会伦理道德，倡导安全、科学、有效的教育理念及方法
教学设计与实施能力	所授专业知识与技能	具备充分的所授专业知识，娴熟掌握专业相关的技能，及时了解专业发展的方向和趋势，并不断更新提升，确保自己的专业知识与技能水平能够胜任相关教学任务
	学习与探索	具有坚持学习的动机、态度和习惯，能够从工作需求中敏锐地感知学习需求，形成和执行学习计划，主动学习新知识，锻炼新技能，探索新变化，自觉了解新领域，通过课题研究和实践教学等方式，积极应用和分享，促进所在组织成员共同提升

一级指标	二级指标	一级标准
教学设计与实施能力	信息与技术素养	具备较强的信息获取、检索、分析、整合、传播能力,能够根据教学活动需要,熟练使用相关的各类软硬件进行备课、教学、评价、教研、存档等工作,并不断应用新的信息和技术,提升教学效果
	设计与组织能力	能够根据教学对象的需要,设立教学目标和任务,运用正确的教学理论、教材、教具和技术方法,有创造性地设计和实施教学环节活动,有效地组织、落实并促进教学成果的转化
	一体化教学能力	能够运作有效的教学机制,实施教学做一体化教学方法,综合应用多媒体教学手段,娴熟地使用相应的教学及实训设备,有效地培养学生参与工作项目、执行具体任务和解决实际问题,通过科学、渐进的评价与反馈,不断巩固与加强学生的专业知识和实操技能
	教学反思与分享	有计划地实施教学活动,敏锐洞察学生的成长变化,理性认识教学结果,建设性地反思教学活动与相关工作行为,及时发现问题并根据事实进行持续改善,乐于分享反思过程与改进效果
校企合作项目运作与管理能力	校企合作教学能力	能够正确认识校企合作对职业教育的作用,从客观上接受企业成本、效率和质量的关系,主动与企业合作者保持良好沟通,做好教学及实训计划并付诸实施,有效调整和改进自身教学工作
	协调与影响力	了解企业日常运作模式,主动与企业保持良好沟通,及时做好协调工作,保障校企合作过程中教学及实训计划的实施
	处理紧急危机能力	培养学生紧急危机事件意识,具备处理危机的能力,在校企合作过程中时刻保持学生紧急危机事件处理准备
优势培养与综合评价能力	多元与个性培养	能够关注并觉察不同学生的多样化需求,并给予他们平等的发展机会,鼓励学生发展个性化优势,包括学习能力优势、专业技能优势和生活能力优势
优势培养与综合评价能力	发展性学生评价	结合职业要求,从发展性的角度去评价学生,能够系统地记录、追踪、评估和呈现学生整体学习过程与产出结果,并在过程中及时反馈与响应,成绩报告能够高信度、高效度地反映学生的成长与进步,帮助学生认识自身的下一最近发展区
	营造职业认同感	培养学生从事专业所需要的态度与素养,帮助学生体验和获取从事相应专业职业的价值与成就,提升学生职业认同感,通过制订职业发展规划形成职业承诺

（3）"校企双岗"教师选拔性素质测评标度和标记设计

标度是对标准进行外在形式的划分，体现为对素质行为或表现的范围、强度和频率的规定。由于"校企双岗"教师选拔性素质测评自身的特征和要求，其采用定义式的标度方式比较合适。对于标记，可以采用字母、汉字或数字。在此，以本标度中的"营造职业认同感"指标为例进行说明，如表3.5所示。

表3.5 我校"校企双岗"教师选拔性素质测评标度及标记

测评指标	岗位	二级标准	测评标度和标记
营造职业认同感	助教	具有所授专业应具备的态度与素养，教学过程及行为符合专业规程；讲解并示范职业素养的要求，以理服人，以情动人；示范、演练、实训等相关环节	A. 精通 B. 善于 C. 尚可 D. 一般 E. 很差
	专业教师	在学生练习、汇报、总结等环节，加入对职业态度和素养的要素分析与互动讨论；帮助学生认识从事职业的价值与风险，并学习安全与职业病防范知识，将职业风险降到最低；通过必要的训练，养成学生相应的职业素养，培养认同感	A. 精通 B. 善于 C. 尚可 D. 一般 E. 很差
	专业部长	识别专业所需要的素养、态度、承诺等软性标准，纳入教学方案，设计对应的活动与任务，帮助学生将职业要求转化为良好的执业行为习惯，通过个性化的任务设计和项目设计，纠正学生的错误认识，提升学生的专业认同感	A. 精通 B. 善于 C. 尚可 D. 一般 E. 很差
	校企办公室主任	为专业软性要求设置明确的衡量标准，并纳入教学标准和培养目标，形成专业软性要求的评价标准与方法，并组织教师实施、检验和完善，建立专业价值的推广渠道和传播机制，定期宣传专业价值与成功案例，定期邀请毕业校友或企业代表宣讲专业价值，形成专业文化影响力	A. 精通 B. 善于 C. 尚可 D. 一般 E. 很差

总体而言，"校企双岗"教师选拔性素质测评方案设计基本遵循了企业人力资源管理关于招聘与配置的相关理论和方法。其中的指标体系是在严密的调查、分析和汇总的基础上设计的，能够很好地满足中职学校开展教育教学和校企合作的要求，也具有较强的可操作性。当前，国家对于职业教育产教融合、校企合作提出了非常高的要求和期望，教育部于2013年颁布了《中等职业学校教师专业标准（试行）》，对参与校企合作的中职教师的能力素质提出了明确的要求。希望通过本书的研究思考，能够为进一步丰富"校企双岗"教师的岗位内涵提供参考，以促进中职校企合作更好发展。

第二节　专业对接产业链，促进
示范校重点专业建设

——以我校服装专业建设为例

导读：本节以我校服装专业建设为例，阐述"专业对接产业链"的含义，探讨"专业对接产业链"在专业建设中的具体措施。

我校在示范校创建过程中，以"专业对接产业链"的思路，加强重点专业建设，强化学生职业技能和素养的培养，全面提高了人才培养的数量和质量，打造了中职品牌专业，为示范校建设奠定了坚实的基础。

一、"专业对接产业链"的含义

"专业对接产业链"就是"实训基地（中心）对接产业链、专业教学对接产业链、专业设置和专业拓展对接产业链"。

二、"专业对接产业链"在专业建设中的具体做法

1. 专业设置和专业拓展对接产业链，办有吸引力和生命力的专业

我校根据服装产业发展和市场人才需求，服装专业对应服装产业链中设计、生产、检测、营销等各环节，开设了服装设计、服装制版、生产管理、展示与营销等专业或专门化方向，同时与电子商务专业、物流

专业、工艺美术专业等进行无界化合作，开设了服装电子商务、服装物流和服装设计等专门化方向；还开设了全国中职学校中唯一的服装检测专业，结合市场需求及新增专业目录开设了服装陈列与展示专业。总之，专业设置和专业拓展紧紧对接产业的发展和需求，及时调整专业方向，积极改造老旧专业，新增新兴专业，办有吸引力和生命力的服装专业。

2. 把企业生产线引进学校，实训基地（中心）对接产业链，增强企业对专业的人才依存度

建立与现代学徒制相适应的实训基地（中心）是示范校重点专业建设的核心，而实训基地（中心）是否与产业紧密对接成为关键。我校的做法是：把企业生产线引进学校，建设教学工厂或教学实训车间。这样的教学工厂或教学实训车间既要真实地按生产流程和岗位要求配置设施设备，又要考虑教学实训需求，如我校近年来引进的英仕婚纱晚礼服生产线、休闲服装生产线、单量单裁自动裁剪生产线等。

在实训基地（中心）建设中，除引进企业生产线外，我校也按照产业链上的岗位要求，建立相应的教学工厂或教学实训车间，其功能设置、设备和工位配置、实训环境布置上既参照企业车间建设，又考虑教学实训需求，如服装设计制作一体化实训车间、电脑绣花实训车间、服装工艺实训车间等。

3. 专业教学对接产业链，促使教学改革全方位推进

专业对接产业链开展校企合作，我校专业教师与企业技师共同培养学生，在中山市首批试点现代学徒制教学，全方位推进教学改革。

①改革教学模式。根据产业链设置工作室、企业生产线，根据企业生产线建设教学工厂或教学实训车间，在真实的工厂和车间环境中开展实践实训教学，双师指导学生学习，突破传统课堂教学模式。

②改革教学方法。全面推行项目教学法、一体化教学，以企业生产任务成典型工作任务为驱动，强化学生技能训练，着力提高学生的技能水平，培训高质量技能型人才。

③改革评价模式。让企业的技师参与对学生的评价。我校的教学实训车间配有企业技师与专业教师，共同负责指导学生和对学生的岗位技能进行考核评价。同时，也通过完成项目任务的情况来考评学生的技能

水平，让学生根据自己的兴趣爱好分别组成若干项目小组。

④改革教学内容。结合实训车间生产任务中的典型案例和专业人才培养方案，校企共同构建校本课程，开发校本教材。

⑤改革教学手段。充分利用信息化技术，结合"互联网+"概念，在实训车间建立实时录播系统，打造数字化教学平台；建立教学资源库，教师可随时调用丰富的教学资源来辅助教学，学生可利用丰富的教学资源进行网络学习，大大提高了教学效果和教学效率。

4. 把名师引进学校，建立名师工作室，引领专业发展

我校聘请了中国服装设计师协会副主席张肇达、清华大学美术学院染服系主任肖文陵等20多位全国知名服装设计师、专家学者和企业生产技术管理人员担任服装专业建设指导委员会专家，引进专家名师在学校建立名师工作室，现已建成名师工作室4个，如张肇达大师工作室、邱伟设计师工作室等。所有服装专业教师和学生以编班制分配至各个名师工作室，教师做名师的助手，在实践学习中得到名师指导，学生可以在工作室面对面聆听名师的教诲和指导；联合中山市纺织工程学会聘请行业名师开设"名师讲堂"直播课，学生可以直接与名师对话，让师生得到专业发展水平较高的名师指导，提升教师和学生的专业素养和水平，从而引领专业发展。

5. 把行业协会引进学校，指导专业发展

我校是中山市服装设计师协会（以下简称协会）法人单位，协会吸纳了近400名服装设计师，每年都要组织设计师、服装商会、企业在校内举办产品发布与展示、服装新技术新设备推广交流等活动，为服装专业师生提供了一个很好的学习机会。同时，很多设计师会员被学校聘为专业建设指导专家或兼职教师，指导专业发展。

6. 与科研院所和行业企业开展产学研合作

近年来，我校通过学校承办的研发中心、设计师协会这些产学研合作平台，先后与中国纺织科学研究院、香港理工大学设计学院、中山英仕服装有限公司等60多家科研院所和行业企业开展全面、深度和高端产学研合作，为服装企业提供新产品设计开发、生产改造、服装检测和人才培训等服务，全方位推进专业对接产业链。

7. 承办行业发展高峰论坛和服装设计大赛，增强专业对行业企业的影响力

多年来，我校积极承办行业产业发展系列论坛活动，相继举办了2009年第十届中国休闲服装博览会（CHCW2009）之广东服装行业产学研研讨会和"东方儿女杯"休闲服装设计大赛、2010年"天竹杯"服装设计大赛及服装产业高峰论坛、2011年广东职业教育与产业发展对接暨与粤港澳服装业对话论坛、2012年"百利达杯"服装设计大赛及服装产业高峰论坛、2017中山市校服（园服）设计征集大赛、2021中山市工业设计大赛沙溪休闲服装设计专项赛。尤其是2011年11月13日在我校举行的广东职业教育与产业发展对接暨与粤港澳服装业对话论坛，教育部原副部长鲁昕亲临指导，来自教育部、中国纺织工业协会、中国服装设计师协会、中国纺织科学研究院、清华大学、香港理工大学设计学院、中山市尚道服装有限公司等近400位领导、专家学者和企业家参加了会议，在国内产生了广泛的影响。

三、"专业对接产业链"的专业建设模式产生的成效

1. 专业吸引力增强，招生就业两旺

专业对接产业链，促进了服装专业建设，提升了人才培养质量，使服装专业形成了"进口旺，出口畅"的就业招生良好局面。最近两年服装专业的毕业生双证率达到99.6%以上，初次就业率超过98%，专业对口率在85%以上。2010年前一年招生规模只有4个专业班230多名学生，在校学生仅有600多人，现在一年招生6个班400多名学生，在校学生人数超过1100人。

2. 打造了"一基地三中心"，提升了专业实训能力和水平

"一基地"，是由中央财政支持建设的服装专业实训基地。我校在实训基地建设过程中大力引企入校，新建、扩建了一批教学实训车间，实训基地内建成服装设计工作室、服装样板制作室、吊挂示范生产车间、服装包装车间、服装电子商务营销室、服装展演厅、服装产品陈列展示厅等多个教学实训车间或场室，结合企业情况将各实训场室进行合作布局。

"三中心"，一是由学校与中国纺织科学研究院合作建设的中纺标CTTC中山检测中心，为中山市乃至珠三角纺织服装企业提供权威、便捷、高效的纺织服装产品检测认证服务；二是学校承办的目前中山市纺织服装行业最大的公共技术服务平台——中山市尚艺休闲服装工程研究开发中心，并以此服务上百家企业，与高校、名师开展深度的产学研合作，至今连续举办了四届广东省服装业高峰论坛，每年多次举行行业交流会和企业产品发布会；三是学校与中山市买它网络科技有限公司建设的网络直播中心，为中山多家企业服务。

"一基地三中心"的建成，大大提升了专业实训能力和水平，同时也成为全市、全省中职专业教师培训，师生技能竞赛和技能考证，为当地培养产业人才、企业员工技能进修的重要基地。

3. 教学改革成效明显

①专业对接产业链的教学改革模式成为广东中职学校教学改革典型案例之一，为示范校的专业建设和教学改革提供了经验。

②引进企业生产线，建设教学工厂或教学实训车间；项目教学、一体化教学在专业课教学中全面推行；学校专业教师与企业技师共同培养学生，通过技能水平和项目成果反映学生的职业能力。这些举措让专业教学改革如火如荼地开展，也让现代学徒制教学模式在校内得到有序开展。

③教学资源库建设初见成效，作为国家示范校数字化教学资源共建共享计划课题的副组长单位，与相关的企业院校合作开展数字化教学资源库的建设，已取得阶段性成效。

4. 师资团队水平提升

为了提升师资队伍水平，打造专兼结合的师资队伍，所有专业教师每年均不少于1个月时间到企业参加生产实践，通过企业实践提升专业教师技能水平及"双师型"教师比例。鼓励教师考取技师或高级技师，参评"广东省十佳服装设计师"、高级服装设计师等资格。另外，聘请企业技师为学校兼职教师，定期给学生开课、指导学生。专业教师到企业实践，企业技师做学校兼职教师，打造了一支专兼职教师队伍。

5. 实现校企深度融合

校企合作是专业建设的基础和保障，为进一步加强校企合作，对接产业办专业，我校整合各专业优势，打造校内实训基地，发挥各专业部人才优势，积极引企入校开展校企合作，以项目推动校企深度合作，先后成立了服装设计工作室、婚纱礼服设计与制作工作室、童装设计工作室、电子商务工作室等十多个校企合作工作室。学校教师带领学生进入工作室学习，企业为学生提供实践岗位，以企业实操项目进行学习，实现校企深度融合。

四、体会和反思

专业建设是示范校建设的核心问题，是内涵发展、上台阶、提升办学水平、提高社会声誉的着力点和突破口。要想促进专业发展，专业建设就必须立足地方优势产业，对接产业办专业，面向市场育人才。

在专业对接产业链思路指导下开展专业建设，应做到：①调整专业结构，优化资源配置；②创新人才培养模式，加快课程改革和建设；③加强专兼职"双师"素质专业教师队伍建设；④加强实训基地建设，积极推进校企合作、产教融合；⑤充分发挥专业的社会服务功能，更好地服务地方经济。

第三节　专业对接产业链，工学对接办专业

导读：利用当地产业优势，实现校企深度合作，结合产业办专业，将专业方向对接产业链，在8个方面进行对接。与行业、企业紧密联系，提升实训条件；注重师资队伍建设，打造名师引领，让专业教师到企业实践，提升专业教师的实践指导能力。通过专业对接产业链，工学对接办专业，教学改革成效明显，教学质量稳步提高。

一、实施背景

沙溪是中国休闲服装名镇，产业链完整，涵盖服装设计、工艺制作、生产管理、质量检测、产品发布、陈列展示、营销物流和电子商务等环节。我校紧紧依托和服务当地服装产业，对接产业办专业，形成了"专业对接产业链"的服装专业建设模式。

二、主要目标

"专业对接产业链，工学对接办专业"就是实现校企深度合作、工学零距离，这体现在8个方面的对接：专业与产业对接，课程与岗位对接，教材与技能对接，教室与车间对接，教师与师傅对接，教学过程与生产过程对接，行为习惯与职业素养对接，毕业证书与资格证书对接。

三、实施过程

1. 专业设置和专业拓展对接产业链，办有吸引力和生命力的专业

我校紧紧依托和服务当地服装产业，对接产业办专业，面向市场育人才，根据服装产业发展和市场人才需求，服装专业对应服装产业链中设计、生产、检测、营销等各环节，开设了服装设计、服装制版、服装工艺、生产管理、服装模特、服装展示、服装营销等专业或专门化方向，同时还与电子商务专业、物流专业、工艺美术专业等进行无界化合作，开设了服装电子商务、服装物流和服装服饰设计等专门化方向；还依托服装检测中心开设了全国中职学校中唯一的服装检测专业。总之，专业设置和专业拓展紧紧对接产业的发展和需求，及时调整专业方向，改造老旧专业，新增新兴专业，办有吸引力和生命力的服装专业。

2. 引企入校，实训基地对接产业链，实现深度融合

我校努力探索校企合作办学模式，加大引企入校力度，引进企业或名师、名家入驻学校建立校企合作工作室或实训室，有效实现校企资源整合，实现校企深度融合。以服装专业为例，我校根据服装产业链在服装实训基地引进企业生产线，结合学校教学与实训需求，建立服装设计、服装制版、服装生产、服装陈列与展示营销等实训车间或工作室，实现校企深度融合。

3. 专业教学对接产业链，促使教学改革全方位推进

要实现专业教学对接产业链，可以从几个方面做起：第一，改革教学模式，"把课堂搬进车间，让学生上课就是上岗"，建设教学工厂或教学实训车间，让学生在真实的工厂和车间环境里"做中学"，让教学在生产性实训中开展，让专业教师与企业技师共同参与对学生的教学实训指导。第二，改革教学方法，推行项目教学法，将企业的真实项

目设定为教学项目。第三，改革评价模式，让企业的技师参与对学生的评价。第四，改革教学内容，构建校本课程，开发校本教材，使教学内容更贴近企业、贴近生产。第五，改革教学手段，建设教学信息化资源平台。

4. 专业教师到企业实践，企业技师做学校兼职教师，打造专兼职教师队伍

我校专业教师到企业实践的形式主要有两种，一是到校外企业挂职，二是在校内教学工厂或工作室中带项目。在校外企业挂职的教师由企业分配任务，根据任务的完成情况由企业给予评价。在校内教学工厂或工作室中带项目的教师，要完成规定的项目任务。专业教师到企业参加生产实践，促进了专业教师的成长。例如，服装专业高家杰老师被中山市尚道服饰有限公司聘请为品牌设计总监，袁超老师被中山市智芯服饰有限公司聘请为产品总监。

同时，我校还聘请了37位企业师傅做服装专业的兼职教师，他们或定期给学生上课，或在车间带项目、指导学生。

5. 积极引进行业协会入驻学校，提升专业发展

我校紧密联系当地行业协会，先后引进中山市服装设计师协会、中山市纺织工程学会等机构入驻我校创意园区。中山市服装设计师协会吸纳了400名会员，定期组织企业及设计师在我校设计师协会俱乐部开展交流活动。中山市纺织工程学会是由中山市纺织工程产业的技术人才、专家学者及管理人员，与相关科研单位及知名企业共同发起的非营利性社会组织。学会会员从事领域覆盖纺织产业上下游，包括科研机构、高等院校、学术团体、技术服务、电子商务、加工生产、设计、国际贸易等。学会入驻我校创意园区以来，服务产业、支撑产业、引领产业，先后与其他机构、企业一起制定了《共享服装裁剪生产服务指南》《服装电商直播营销指南》等多份团体标准。

6. 承办行业发展高峰论坛和服装设计大赛，增强专业对行业企业的影响力

我校积极承办行业产业发展系列论坛活动，已连续举办了多届行业服装设计大赛及服装产业高峰论坛。沙溪是中国休闲服装名镇，随着产业不断转型升级，对高技能人才的要求越来越高，必须对接产业发展培

养高质量技能人才。我校在2012年与中山职业技术学院签订合作协议，共同建立沙溪纺织服装学院，联合培养产业急需的服装高技能人才。

7. 面向社会、行业企业开展职业技能培训，提升专业服务社会能力

多年来，我校服装专业与成人文化技术学校合作，面向社会、行业企业积极开展服装技能职业培训和职业技能鉴定，年培训量达1400多人。通过开展这些培训，我校提升了专业服务社会能力。

8. 积极推动产业创意园建设，助推产业转型升级

为了更好地对接和服务当地服装产业，我校积极推动以政府主导、行业企业和科研院所参与的中国·沙溪服装创意设计园的建设。助推服装产业加快转型升级，从而带动学校专业建设和发展。

四、实施条件

我校是首批国家中等职业教育改革发展示范校项目学校；五大专业均是广东省重点建设专业和省实训中心；建有"一基地三中心"；牵头成立了广东省服装职业教育集团；与近60家科研院所和行业企业开展全面、深度和高端产学研合作。这些都是本案例项目实施的条件保障。

五、实际成果、成效及推广情况

1. 教学改革成效明显

教学质量稳步提高。服装专业学生连续7年代表广东省参加全国职业院校学生技能大赛，实现七连冠，并获得全国职业院校学生技能展示特等奖和一等奖。通过开展校企合作，我校4个重点建设专业先后得到行业企业专家指导，共同建立了与岗位技能相对接的课程体系和课程标准，并完成了以典型工作任务为主线的核心课程和教材建设，开发了系列校本教材。

2. 专兼职教师团队建设成效突出

服装专业现有 35 名专业教师，已培养 2 名专业带头人、8名骨干教师，有21位教师是技师或高级技师，高家杰、徐璐老师被评为"广东省十佳服装设计师"，"双师型"教师比例达到专任专业课教师的90%以上。我校还聘请了37位企业师傅做服装专业的兼职教师，聘请了20多位

全国知名服装设计师、专家学者和企业生产技术管理人员担任服装专业建设指导委员会专家。

3. 产学研合作贡献大，服务区域经济社会发展

我校以承办的中山市尚艺休闲服装工程研究开发中心、中山市服装设计师协会为平台，与市内、省内外行业企业和科研院所开展产学研项目合作，提供技术和人才支持。例如，为中山市通伟服装有限公司、中山市霞湖世家服饰有限公司等企业推广精益生产项目，产生了明显的经济效益。

我校与中国纺织科学研究院合作建设国家纺织品质量监督检测中心中山站，为中山市及周边区域纺织服装企业提供便捷的纺织服装产品检测和认证服务。

2012年12月，我校联合研发中心、香港理工大学、中山广弘集团等单位成功申报"广东省休闲服装产业产学研合作示范基地"省部项目。

我校的产学研合作成效突出，受到中山市委、市政府高度肯定，被授予2012年度中山市科技进步奖中最高奖项——产学研合作奖。校长陈仕楷被全国纺织工业联合会授予"全国纺织产业集群发展突出贡献奖"。

4. 面向社会、行业企业开展职业技能培训，为区域经济社会发展提供智力支持

近年来，学校各专业面向社会、行业企业积极开展专业技能职业培训和职业技能鉴定，每年都要与政府部门、行业协会、企业合作，为就业和在岗人员提升素质、学习技能提供培训，年培训人数在1500人以上，且培训规模逐年扩大，为区域经济社会发展提供了有力的智力支持。

5. 推进服装创意园建设，为区域服装产业转型升级服务

我校在中山市政府的支持下，联合行业、企业和科研院所参与服装创意园建设，先后成立了粤港澳大湾区时尚中心、中山市尚艺休闲服装工程研究开发中心、北京肇达·张服装研究中心、国家级服装实训基地、电商直播人才孵化基地、陈小莲大师工作室、袁超大师工作室等，积极为区域服装产业转型升级服务。

6. 牵头成立服装职教集团，推动全省中职服装专业优势发展

我校联合省内多家中、高等职业院校成立了广东省服装职业教育集

团，在共同发展的基础上，推动全省职业院校服装专业的发展。近年来，广东省职业院校服装专业师生在全国学生服装技能大赛上屡创佳绩，得到全国职业院校同行的普遍认可。同时，我校还是全省服装专业教师培训基地，每年都有全省服装专业教师的培训。

7. 以合作办学形式帮扶省内欠发达地区中职学校发展

我校与省内蕉岭、汕尾、阳春等欠发达地区的职业学校开展合作办学，每年接收来自这些欠发达地区的学生近200人，与蕉岭职业技术学校合作办学；2017年以来，我校积极对口帮扶云南昭通市学生来校就读，并与盐津市职业高级中学签订合作协议，累计培养学生1200多人。

8. 在国家和省级示范校建设专题会上做经验介绍，省内外中职学校慕名前来参观学习，示范、带动和辐射作用显著

由于建设效果明显，2011年11月13日，广东职业教育与产业发展对接暨与粤港澳服装业对话论坛在我校举行，教育部原副部长鲁昕亲临指导，来自行业企业、高校、科研院所近400位领导、专家学者和企业家参加了会议，学校校长在会上做了办学特色介绍，在国内产生了广泛的影响。

国家教育咨询委员会职业教育办学模式改革组，甘肃、江苏、浙江、海南、广西等20多个省份近100所职业院校单位先后来我校参观交流；多次在国家、省内外及兄弟学校开展交流、指导和做经验介绍。例如，2011年12月，教育部推荐我校在国家教育行政学院向全国近200所职业院校做示范校建设经验介绍。

9. 国内外新闻媒体广泛报道学校办学特色

我校示范校建设成果受到中央新闻采访团、《中国纺织报》、《南方日报》、中国职业技术教育、服装网、凤凰网、英国BBC等媒体的关注和报道。

六、体会与思考

"专业对接产业链，工学对接办专业"，创新了人才培养、专业建设、教学改革和校企合作等模式，具有典型性、可操作性和示范性。中职学校要发展就要创新学校和专业的发展思路，以育人为目标，主动适应区域经济社会的发展。

第四节 专业对接产业链，推进
校企深度融合

导读：我校着重以育人为目的，结合企业的生存与发展目标，在合作中不断平衡双方需求，以学校人才等优势资源吸引企业开展校企合作，最终实现资源互补，开展校企深度融合，实现专业对接产业链，依托校企合作进行高技能人才培养。

校企合作是职业教育的活力来源和价值体现，却难免存在这样的问题——要么是企业因看不上学校的育人质量而不热衷合作，要么是学校因看不惯企业的急功近利而不主动服务，导致校企合作难以水乳交融。

一、专业对接产业链实践与探索

我校明确认识到学校的目的在于育人，企业的目的在于创造利润，只有真正理解和平衡双方需求，校企合作才能水乳交融、同心协力。为吸引企业合作建设校内实训基地，学校主动提供场室，邀请企业把生产设备、技术精英长驻学校，允许其按照生产实际进行运作，而唯一的要求是企业必须让师生使用其机械设备和管理资源，把越来越多的学生培养成设计师和高技能人才。为此，我校在以下3个方面做出了努力。

1. 创新校企合作保障机制，凝聚人心

为规避风险和增强教师行动力，对于有意向进驻的企业，学校通过教师代表大会讨论和判断企业有没有支持职业教育的心胸和长期运作的实力，投票决定并委托法律顾问评估明晰双方的责权利，为校企合作创造良好的内外环境。

2. 联合行企专家和设计师，聚集人才

我校先后聘请了中国服装设计师协会副主席张肇达、清华大学美术学院染服系主任肖文陵等20多位全国知名服装设计师和专家学者担任学校专业建设指导委员会顾问。作为发起单位，我校成立了包括多名中国十佳服装设计师和广东十佳服装设计师、拥有400多名成员的中山市服装设计师协会；与企业共同培养了5名广东十佳服装设计师；联合中山市纺织工程学会定期举办创意沙龙、设计讲座等自由聚会与专业建设指导委员会顾问和设计师交流。我校及时了解行业动态和企业需求,不断改进校企合作。

3. 借助"一基地三中心",施展人力

学校充分发挥人才优势,与当地企业开展校企合作,实现资源整合,发挥"一基地三中心"的积极作用。"一基地"是由中央财政支持建设的服装专业实训基地,我校目前建设有岭南非遗设计工作室、定制设计与制作工作室、女装设计工作室、休闲装设计工作室、童装设计工作室、针织设计工作室、服装展示与陈列工作室等10多个工作室。"三中心"分别是中纺标CTTC中山检测中心、中山市尚艺休闲服装工程研究开发中心、网络直播人才孵化中心。

在不断完善的软硬件中,我校形成了涵盖产、学、研、检、展、销等产业环节的校内实训基地,成为企业开发新产品、改进新工艺、培养紧缺人才的试验田,研发了亚麻系列服饰、世博温差变色T恤、中小学生校服等深受欢迎的服装产品,逐步实现了"专业对接产业链",成为当地产业转型升级的主导力量。

事实证明,这样的校企合作成功地培养了一批批紧缺而优秀的高技能人才。据不完全统计,仅服装专业,我校培养了管理人员360多人、板房制作师1200多人、自创品牌的企业家10多人、服装设计总监10多人、设计师280多人、企业主200多人、广东省十佳服装设计师5人,还有众多的产业技术工人。

二、改革模式与创新

随着校企合作的实效凸显,在当地政府支持下,我校利用南门旁占地80多亩(1亩≈666.67平方米)、建筑面积达10万平方米的工业园区建设中国·沙溪创意设计园,将中国纺织科学研究院、香港理工大学设计学院、广州美术学院等设计类高校以及中山市尚艺休闲服装工程研究开发中心、北京中纺标检验公司中山站、中山市服装设计师协会、中山市纺织工程学会、国内外设计师队伍、中职和高校师生结合在一起,打造成为集产品设计开发、生产、检测、展示、贸易、人才培训产业升级发展于一体的推进器和孵化器,继续在深化人才培养模式、教学模式和评价模式改革方面实现以下创新。

1. 创新"专业与产业对接"的服装设计开发到市场营销一条龙的专业人才培养模式

加强校企合作和工学结合，实现专业与产业的对接、课程与岗位的对接、教学过程与生产过程的对接、毕业证书与技能证书的对接、职业教育与终生教育的对接。我校校企合作企业中山市尚道服饰有限公司多次在广东时装周上举办产品发布会，全部产品设计开发均由学校师生完成，受到现场观众和企业客户的高度好评，校企共同培养出3名广东省十佳服装设计师。

2. 创新"专业技能与生产岗位对接"的教学模式

我校根据服装产业特点，以职业能力培养为本位，以项目为支撑，将企业真实生产活动和岗位职业能力要求融入专业课程。在建设校内实训基地的同时，我校开拓了中山市英仕服装集团、中山市樱井服装有限公司等4个校外专用实训场地。例如，我校近年来与中山市樱井服装有限公司专门建设了容纳200人实训的工厂和宿舍，不间断地接纳师生到该厂轮训。

3. 创新"多元评教"的评价模式

以创意园为载体，形成由学校教师、政府主管人员、企业家、专家学者组成的评审组，对学校的教育教学改革进行监督和评价。我校定期举行的考察活动和研讨会，使得专业发展指导委员会及时把握学校专业发展动态，及时给予指导。我校因有了创意园作为阵地而能更加快捷、高效地进行改革创新。

三、体会与思考

近年来，产业转型升级如火如荼，我校今后一个时期将继续把办好职业教育作为服装产业转型升级的切入点和支撑点。我校将迎接技术创新和产业提升的战略任务，努力把学校打造成为服务产业转型升级的新平台。我校近年来通过自主创新和原创品牌迈向产业链的高端，不断构筑新的竞争优势，为当地产业转型升级起到了一定的示范和带动作用。我校也将借助多方支持不断探索校企深度合作模式。

由于校企合作效果特色鲜明、成效显著，我校得到当地各级政府的大力奖励和可持续支持。我校承办的中山市尚艺休闲服装工程研究开发中心曾荣获"科技成果产学研合作单位奖",全市仅5家单位获此殊荣,这是对我校产学研工作的肯定。我校将不断在校企合作方面开展实践改革与创新。

第四章

校企合作教学改革的突破

第一节 基于工作室的中职专业课
教学改革与实践

导读：我校提出并成功实施了基于工作室的中职专业课教学改革。该模式通过工作室推进了项目化教学、专业与产业对接、信息化手段应用、"双师型"师资队伍建设等方面的工作，在促进课程建设、提高人才培养质量等方面取得了显著成就。

"基于工作室的中职专业课教学改革与实践"项目是中职教学改革、校企深度融合、创新人才培养模式及实践的成果。本项目自2011年3月开始研究与实践，项目参与单位包括我校、中山市尚艺休闲服装工程研究开发中心、中山市英仕服装有限公司、中山市尚道服饰有限公司等15个院校、企业和科研院所。项目的创新研究与实践取得了丰硕的成果，全面提高了人才培养的数量和质量，继续擦亮了中职示范学校和专业品牌。广东省教育厅将此项目成果在全省中职学校中推广，大大促进了全省中职学校在教学改革和校企合作等方面的改革与实践，在全国职业院校中产生了广泛的影响。

一、基于工作室的中职专业课教学改革的提出、理论依据与创新内涵

当前，中职专业课教学仍不同程度地存在与企业岗位要求脱节、没有生产性实训环境、校企合作不深入、校企共育学生不到位、人才培养质量难以得到企业和社会的广泛认可以及如何打破传统的"课室理论教学——实训室验证学习"教学模式等问题，更加切合中职学生群体的个性特点和成长规律，实现校企精准对接、精准育人，构建具有现代职业教育特色的中职专业课教学模式，已成为中职学校教学改革和发展中亟须解决的问题。

情境学习理论认为，要学习的东西将实际应用在什么情境中，就应该在什么样的情境中学习这些东西。例如，要学习做菜，就应该在厨房里学习，因为以后做菜就要在厨房里进行。我校基于工作室的中职专业

课教学改革正是在情境学习理论指导下的创新研究与实践。

工作室是一个真实的工作环境，也是课堂，基于工作室的中职专业课教学改革就是"把课堂搬进工作室，让学生上课就是上岗"，就是把中职专业核心模块课程的教学放在工作室中，开展项目教学、生产性实训、跟岗和顶岗实习，学生在"学校教师+企业师傅"的共同指导下"做中学，学中做"，教学在完成真实产品开发或生产中开展，将学生作品转化为企业产品，再将企业产品转化为市场商品。学生学得怎样，教学质量如何，学生的作品是试金石。同时，我校还全面运用信息化、现代化教学手段，提升课堂教学效果。基于工作室的中职专业课教学改革颠覆了传统的"课室理论教学——实训室验证学习"的教学模式，实现了专业设置与产业需求对接、课程内容与职业标准对接、教学过程与生产过程对接，大幅提升了课堂教学效果和教学质量，培养出大批优秀的学生，全面提高了人才培养的质量。

基于工作室的中职专业课教学改革模式如图4.1所示。

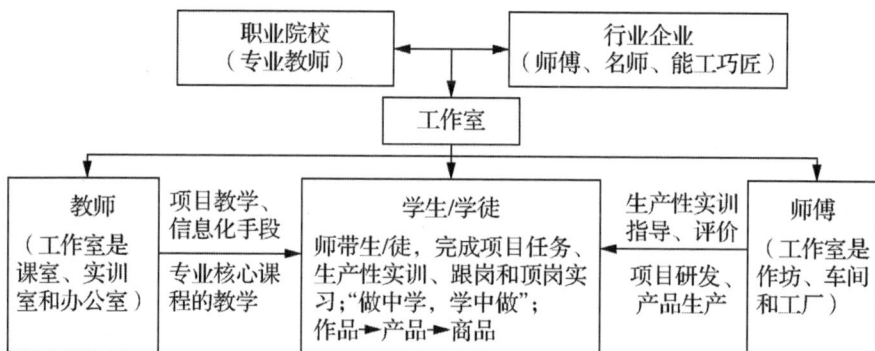

图4.1 基于工作室的中职专业课教学改革模式

二、基于校企合作的工作室课堂教学改革与实践

1. 专业对接产业，校企合作共建产学研工作室

根据人才培养和专业教学的需求，专业对接产业，引企进校，校企合作共建产学研工作室。例如，我校服装专业与中山英仕服装有限公司校企共建婚纱晚礼服设计制作工作室，与中山市尚道服饰有限公司校企共建针织服装设计制作工作室，等等。校企合作产学研工作室由学校的专业带头人或专业骨干教师和企业的师傅共同担任主持人，共同指导工

作室的教学实训与项目研发。

2. 把名师、能工巧匠引进学校，建立名师工作室，引领专业发展

我校聘请了中国服装设计师协会副主席张肇达、全国十佳服装设计师董怀光等20多位全国知名服装设计师以及一些专家学者、能工巧匠担任专业建设指导委员会专家，并把这些专家名师引进学校，建立名师工作室，并配备学校的专业骨干教师作为名师工作室助理，还定期开设名家讲堂，让师生近距离接受名师的指导，引领专业发展。

3. 以专业带头人、骨干教师为核心组建项目教学工作室

工作室也是专业教师成长的平台。我校在机制上鼓励专业带头人、专业骨干教师个人或团队组建项目教学工作室，为专业教学、实训和实习服务。目前，我校各专业大多数专业教师已成为工作室成员或主持人。

4. 在工作室中实施与岗位技能对接的专业课项目教学，推进课程和教材建设

在工作室中，教师和师傅把专业核心模块课程的教学内容融入项目任务中，开展项目教学和生产性实训，带领学生完成项目任务，让学生的作品转化为企业的产品，再将企业的产品转化为市场的商品。在这一过程中，专业教学全面对接产业、对接岗位需求，项目任务转化为项目成果，学生在这样真实的企业环境中学到了真本领，掌握了过硬的专业技术技能。同时，工作室的项目教学也推进了专业课程和教材建设。如今，各专业工作室开发了一系列与企业岗位技能对接的校本课程和出版教材。

5. 在工作室中全面提升学生的专业技能和素养，培养未来的工匠

在工作室中实施项目教学、生产性实训，以企业产品生产为项目任务，学生在真实的企业环境里"做中学，学中做"，教学在完成真实产品的开发或生产中开展，其特点是针对性强、实践性强、岗位技能要求高、项目涉及的专业面较广。例如，在我校服装专业的英仕婚纱晚礼服设计制作工作室里，学生不仅要学习婚纱晚礼服的设计、结构制图、缝制工艺等专业核心课程，还要学习服装材料、跟单、服装生产管理及企业文化等内容。因此，工作室的教学内容不是单一的课程，而是专业核心课程的组合、深化和扩展，比常规实训的技能要求更专、更精、更

高。学生要学习的是真本领、硬功夫。同时，工作室还着力培养学生对专业和产品的精益求精以及专业、敬业等工匠品质和素养，为学生成为未来的工匠打下良好的基础。

6. 在工作室中全面应用信息化、现代化教学手段，提升教学效果

在工作室，要求教师在组织教学的各环节全面地使用数字化课程学习系统。课前，教师要在数字化课程学习系统中预先准备好本课程所需的教学设计、PPT课件、微课、教学视频等教学资源，并指导学生查阅和学习这些教学资源；课中，教师利用教学视频录播系统，将自己或企业师傅的示范操作实时转播到学习系统上，供学生无死角观看，同时将这一示范操作录制成视频存储起来作为教学资源，学生可利用慢进、回播、暂停等功能反复观看和学习；课后，学生可随时随地通过计算机或手机等终端设备进行在线学习，与同学、教师或企业师傅进行在线交流，解决疑难。如此，工作室不仅全面提升了课堂教学效果，也成为教师组织教学、学生自主学习的智慧课堂。

7. 以工作室为平台打造"双师型"教师队伍

工作室是专业教师实施教育教学的课室、实训室和办公室三室合一的工作环境，通过完成项目教学任务，不仅培养了学生的技能，也提升了教师自身的能力和素质，教师成为"既是学校教师，又是企业技师"的真正的"双师型"教师。例如，我校服装专业杨珊老师被评为广东省十佳服装设计师，高佳杰老师被聘为中山市尚道服饰有限公司校内工作室设计总监。同时，我校还聘请了27位企业师傅做各专业工作室的兼职教师，他们在工作室带项目、指导学生，自己也得到了锻炼和成长。例如，中山市尚道服饰有限公司的设计师熊英作为我校产学研工作室的企业指导师傅，通过几年工作室项目教学和研发锻炼，于2017年被评为广东省十佳服装设计师；我校教师高家杰、徐璐通过工作室培养也被评为广东省十佳服装设计师，工作室成为专兼职"双师型"教师成长的宽阔平台。

8. 在工作室中开展学生就业、创业实践

通过校企合作工作室，让学生直接参与企业生产活动，工学零距离，学生能够运用所学知识和技能面对企业和市场，积累宝贵的准工作经验，同时在这一过程中获得职业认知，领悟职业精神，提高职业素

82

养，磨炼岗位能力，学生毕业时能够快速地融入企业，从而缩短了学生毕业后的职业适应期，提高了毕业生的就业率和就业质量。我校还成立了"三创空间"工作室，联合校内外企业，为学生提供创业项目。不少学生通过工作室的学习和锻炼，结合创业项目孵化走上了自主创新创业之路。据统计，我校毕业生中自主创业的学生比例达到三成多。近年来，我校孵化了一批创业项目参加广东省"互联网+"大学生创新创业大赛决赛，其中，获银奖 2次、铜奖5次；"岭南有礼"在2021第八届创青春粤港澳大湾区青年人才创新创业大赛（中山）评审中获一等奖。

三、改革与实践成效

1. 工作室全面提升了专业课教学效果和质量，教学改革取得新突破

在工作室，实施项目教学，在信息化手段的辅助下，学生在真实的工作环境里"做中学，学中做"，教学在完成真实产品开发或生产中开展，"学校教师+企业师傅"共同指导学生完成项目任务，将学生作品转化为企业产品，再将企业产品转化为市场商品。学生学得怎样，教学质量如何，学生作品是最好的检验。这样的教学能充分激发和调动学生学习的积极性，学生的技能水平提升快，学生愿学、乐学、易学，深受学生欢迎，从而全面提升了教学效果和教学质量，教学改革取得新突破。

2. 工作室促进了与岗位技能对接的课程和教材建设

全校各专业在推进基于工作室的教学改革中，开发了一系列与岗位技能对接的校本课程和教材，教师主编或参编出版教材27本、校本教材32本，建成了各专业教学信息化资源平台。

3. 工作室培养出大批优秀的学生，提高了人才培养的质量

工作室的人才培养紧密对接行业企业和社会需求，工作室的专业教学和技能训练追求"专、精、高"，在工作室里通过精耕细作、反复打磨培养出来的学生普遍比较优秀，有较高的职业素养和专业技能。例如，各专业工作室的学生参加专业技能考证都100%通过，参加市、省乃至全国职业院校技能大赛争金夺银。其中，服装专业工作室的学生参加全国职业院校技能大赛实现七连冠，先后共获得11个一等奖、12个二等奖和24个三等奖，还获得了全国职业院校学生技能展示特等奖。各专业

工作室的毕业学生深受企业和社会欢迎，不少学生还成功创业，成为业界精英。例如，服装专业毕业生陈雅洁自创服装品牌"果素"，企业年销售额达2000多万元；电子商务专业毕业生梁锡坤自创暴风科技有限公司和灯网电子商务平台，企业年销售额达6000多万元。

4. 工作室取得了丰富的产学研成果

我校各专业工作室在完成项目教学的同时，也取得了丰富的产学研成果。一方面，为合作企业完成了一系列产品的研发和制版。例如，服装专业的尚道针织服装设计制作工作室每年都为合作企业开发设计 4 个季度的服装样板，产品的市场反响非常好，订单和销售量呈大幅上升之势，合作企业发展态势良好，这充分说明了中职学校的师生在校企合作、产教融合中大有可为，也大有作为。另一方面，工作室的师生取得了不同程度的研发成果。例如，服装专业相关工作室与中山市尚艺休闲服装工程研究开发中心合作，近年来成功申报外观设计专利达156个。

5. 工作室提升了中职学校服务社会的能力

我校各专业工作室通过校企合作、项目教学，不断提升对行业企业和社会的服务能力，除了为合作企业提供产品开发、样板制作、小批量生产、维修维护等服务，还积极参与对行业企业员工和社会人员的专业技能培训。例如，电子商务工作室在近两年共为沙溪镇企业和社会人员开办了30期培训班，培训人员达2000人，为当地的经济社会发展做出了积极的贡献。

6. 工作室营造了以工匠精神为核心的职教学校文化环境

我校各专业以工作室为阵地，积极营造以工匠精神为核心的职教学校文化环境，把对职业敬畏、对工作执着、对产品和服务追求完美的价值取向作为工作室人才培养的目标和追求，积极为学校的文化建设增加丰富的内涵。例如，学校民族服饰工作室师生经过艰苦努力完成了学校民族服饰博物馆的建设，馆中丰富的展品和图文资料为全校师生提供了宝贵的文化和精神营养。

四、成果的运用与推广

1. 成果在校内推广应用，带动了各专业的建设和发展

基于工作室的教学改革与实践最早在我校服装专业中进行，取得显

著成效，而后在校内全面推广，带动了全校各专业的建设和发展。至今，服装设计与工艺、汽车运用与维修等5个专业均成为广东省中职教育重点建设专业；服装设计与工艺、汽车运用与维修专业实训中心还成为省级中职教育实训中心；服装设计与工艺专业是国家中职教育重点建设实训基地。2017年，汽车运用与维修专业创建成为全国职业院校交通运输类示范专业点。服装设计与工艺等3个专业成为广东省中职学校高水平学校创建专业；各专业也为社会和行业企业输送了大量优秀人才。其中，2011年至今，以"工作室"模式为改革试点的专业为社会和行业企业输送了1万多名毕业生。

2. 促进了示范校建设，在全国中等职业教育中产生了重要的影响

2013年8月，我校国家首批示范校项目建设接受广东省教育厅专家组评估验收时赢得全省第一名，被专家组誉为"全省乃至全国广大地区职业教育改革发展的领头羊"。

2013年12月，国家中职教育改革发展示范学校建设现场交流会在上海召开，我校领导在会上做典型发言，教育部原副部长鲁昕给予高度肯定。

近年来，全国100多所职业院校的领导和教师先后来我校参观交流，在全国中等职业教育中产生了重要的影响。

3. 成果在全省推广，促进了全省中职教育的教学改革

2016年6月16—17日，广东省创建现代职业教育综合改革试点省工作交流现场会在中山召开，来自全省各地市教育局及中职学校的领导和教师近130人参观了我校的专业教学工作室。省教育厅高中与中职教育处相关领导及各地参会代表对我校的专业教学工作室非常认可，他们说"这样的上课形式好，工作室就是课堂，边学边做能让学生更好地学习知识、掌握技能"。

自此，基于工作室的中职专业课教学改革与实践成果被作为《广东省中职教育教学模式改革创新案例》向全省中职学校推广。近年来，全省各地先后有60多所中职学校来我校参观学习，我校项目负责人也先后受邀在省职学会年会、教指委会年会及省内相关中职学校的教师培训中做专题报告，促进了全省中职学校专业课的教学改革和交流。

同时，相关成果论文还分别刊登在《中国职业技术教育》《广东教

育·职教》等刊物上。

"把课堂搬进工作室，让学生上课就是上岗"，这无疑打破了传统的教学模式，而项目教学、生产性实训、在工作室跟岗和顶岗实习、学生作品转化为市场的商品、"学校教师+企业师傅"共同指导和培养学生等改革举措，让工作室教学更加切合中职学生群体的个性特点和成长规律，实现校企精准对接、精准育人，更能实实在在地提升中职学校专业教学的质量，更能培养出大批优秀的学生。

第二节　基于校企合作生产实训车间模式的
中职专业课教学改革与实践

导读：我校以校企合作共建生产实训车间的模式改革中职专业课教学，实践成效明显，具有较强的推广应用价值和示范作用。我校加强校企合作、产教融合，把企业生产线引进学校，在校内建设校企合作生产实训车间，实现企业生产与学校教学共用。我校把专业课堂设置在企业生产车间，学生上课等同在企业上岗，教师在企业实践中教学，学生在真实环境中学习，聘请企业技师参与学生教学实训指导。在生产实训中改革教学模式、教学方法、教学内容、评价模式和教学手段，推进校企合作、产教融合，培养与产业要求相适应的技能人才。

"基于校企合作生产实训车间模式的中职专业课教学改革与实践"项目是校企深度融合、探索全方位育人的教学改革与实践的成果。本项目自2008年9月开始研究与实践，至2011年7月完成，项目参与单位包括我校、中山市尚艺休闲服装工程研究开发中心、中纺标（深圳）检测有限公司、中山英仕服装有限公司、中国纺织科学研究院、中山市尚道服装有限公司、中山市硕森服饰有限公司等20多个院校、企业和科研院所。项目的创新研究与实践取得了丰富的成果，全面提高了人才培养的数量和质量，打造了中职品牌专业和中职示范学校。项目成果不仅在专业的教学改革与实践中效果显著，在全国中等职业教育各专业教学领域也产生了广泛的影响。

一、校企合作生产实训车间模式的内涵

校企合作生产实训车间模式是指学校引企业进校园，校企合作共建生产实训车间，既进行企业生产，又开展教学实训，把课堂搬进车间，上课就是上岗，让学生在真实的工厂车间环境里"做中学"，让教师在生产性实训中"做中教"，专业教师与企业技师共同参与制订和实施教学计划，共同参与对学生的教学实训指导，并在生产实训中推进全方位教学改革，培养与产业要求相适应的技能人才，实现产教融合、共赢发展。

二、校企合作生产实训车间模式的特点

1. 校企合作、产教融合

校企合作生产实训车间是产教融合的产物，是中职学校与企业寻求共赢的有效途径。我校聘请行业专家、企业名家、技能大师等成立专业指导委员会，指导专业发展，将专业设置与产业需求对接，并实行动态调整；加强校企合作、产教融合，将教学与市场紧密联系，实现深度产教融合。

2. 项目教学，能力培养

目前，中职的专业教学体系较为强调知识的完整性、系统性和连贯性，其缺陷在于教学的针对性不强、实践性不强、吸引力不强。校企合作生产实训车间模式采用的是项目教学，以企业产品生产为项目任务，教学过程对接生产过程，其特点在于针对性强、实践性强、岗位技能要求高、项目涉及的专业面较广，突破了单一课程的内容，教学内容是开放性的，不依附教学大纲和教科书，它可以是课程内容的扩展、延伸和深化，有利于扩展学生的视野，锻炼了学生综合运用专业知识的能力。

3. 学校教师和企业师傅共同培养学生

校企合作生产实训车间里既有专业课教师，又配备有企业师傅，他们共同制订和实施教学计划，共同培养和指导学生开展生产实训，实现了专业理论教学与生产实践教学的一体化，学生的专业理论水平和实际操作能力得到有效提高。

4. 工学零距离，缩短了学生毕业后的职业适应期

在校企合作生产实训车间，学生直接参与企业生产活动，工学零距

离，运用所学知识和技能能够面对企业和市场，积累宝贵的工作经验。同时，学生在这一过程中获得职业认知，领悟职业精神。因此，这一过程本身就是学生能力提高和素养养成的过程，学生的岗位能力得到磨炼，学生毕业时能够很快地融入企业，从而缩短了学生毕业后的职业适应期，提高了毕业生的就业率和就业质量。

三、校企合作生产实训车间模式的教学改革与实践

1. 把企业生产线引进学校，建校企合作生产实训车间

建立与现代学徒制相适应的生产实训车间是当前中职专业实训教学改革的关键，我校的做法是把企业生产线引进学校，建设生产实训车间。这样的生产实训车间有别于纯粹的工厂或生产车间，它既要真实地按生产流程和岗位要求配置设施设备，又要考虑教学实训需求。另外，企业生产线不是随意引进的。首先这种企业生产线在产业链中要有代表性和先进性，其次合作的企业要具有共同培养学生的能力和积极性。例如，我校近年引进的英仕婚纱晚礼服生产线、尚道针织服装生产线、硕森高级定制生产线、上海和鹰单量单裁自动裁剪生产线等均具有以上特点。中山英仕服装有限公司是专业定制生产高档婚纱晚礼服的国际知名企业，在北美占有1/3多的市场份额，所定制生产的婚纱晚礼服面料高档、设计时尚、工艺精湛，公司管理先进，新技术、新设备、新工艺广泛应用于生产线上。另外，公司十分热忱于培养中职学生，他们对我校服装专业毕业学生的评价是好用、顶用。因此，无论从产业链来讲，还是从教学实训来说，引进这样的企业生产线都是最好的选择。2012年12月，英仕生产线教学实训车间第一件晚礼服下线，该晚礼服由6名学生完成，原计划用时两周，结果只用了4天时间，这件晚礼服在美国售价高达1300美元。公司人事主管说："我们招工就招沙溪理工服装专业的学生。"通过这一生产线，学生不仅零距离地学习了中山英仕服装有限公司主打产品婚纱和晚礼服的个性设计及精湛的制作工艺，而且使得服装专业的教学实训上了一个台阶。我校也因此培养出技能过硬的学生，从而增强了企业对学校专业的人才依存度。

2. 在生产实训中推进教学全方位改革

"把课堂搬进车间，让学生上课就是上岗。"这无疑打破了传统的

教学模式，而学校专业教师与企业技师共同培养学生，也让现代学徒制教学模式初具雏形。

在生产实训中，在教学模式、教学方法、教学内容、评价模式上进行全方位教学改革。我校根据产业链建立真实的工厂和车间环境，以企业生产项目为学生实践实训内容，专业教师与企业技师共同将企业生产典型任务转化为工作室课程，开发校本教材；学生在"双师"指导下完成实践实训。实现了"学生作品→企业产品→市场商品"的价值提升，也真正实现了专业教学与产业的对接，培养与产业要求相适应的技能人才。例如，婚纱晚礼服设计制作小组，西装、制服设计制作小组，休闲T恤设计制作小组，时尚女装设计制作小组等，在专业教师和企业技师的带领下完成从设计、选料、制版、工艺、质检到产品推广等各环节项目教学实训。考核评价的方式是在最后举办一场服装发布会，广邀企业家、设计师及企业生产技术和管理人员到场做评委，现场打分。如果学生设计制作的服装版式被企业选中，要进行批量生产和销售，这个项目的学生的考核评价就为最高分。

3. 专业教师到校企合作生产实训车间带项目，企业技师做生产实训车间兼职教师，打造专兼职"双师"素质专业教师队伍

在教学改革与实践中，我校十分重视"双师"素质专业教师的培养，制定了专业教师到企业参加生产实践的管理制度，要求所有专业教师每年不少于1个月时间到企业参加生产实践或挂职锻炼。实践的形式主要有两种，一是脱产到校外企业挂职，二是在校内校企合作生产实训车间中带项目。在校外企业挂职的教师由企业分配任务，根据任务的完成情况由企业给予评价，学校再根据企业评价给教师相应的奖罚。在校内校企合作生产实训车间中带项目的教师，要完成规定的企业项目任务。例如，带学生给企业设计服装样板的项目教师，要以有无企业认可生产的服装样板为考评标准；同样对带学生学习电脑绣花项目的教师，要以教会多少学生电脑绣花技能为考核指标。通过这些措施，促进了专业教师的成长，使专业教师真正做到"拿起书本能讲，挽起袖子能干"，既是学校教师，又是企业技师。目前，服装专业"双师型"专业教师比例达到专任专业课教师的90%，基本形成了持续培养"双师"素质专业教师的长效机制。专业教师到企业实践也让部分专业教师迅速成长，成为企

业聘用的高技能人才。

同时，我校还聘请了17位企业技师做服装专业校企合作生产实训车间的兼职教师，他们与学校教师共同指导学生完成生产任务及相关项目工作。专业教师到企业实践，企业技师做学校兼职教师，打造了一支专兼职"双师"素质专业教师队伍。

四、改革与实践的成效

1. 提升了专业教学实训能力和水平

近年来，在服装专业重点专业建设过程中，引进企业生产线，新建扩建了19个校企合作生产实训车间，建成中山英仕婚纱晚礼服生产实训车间、尚道针织服装生产车间、硕森高级定制服装设计制作一体化车间、休闲服装生产实训车间、自动裁剪生产实训车间、绣花公司电脑绣花车间、服装数字化印花车间等，各校企合作生产实训车间布局合理，设备先进，与产业对接紧密，能满足每年1500名全日制学生实训、2500人培训的需要，大大提升了专业教学实训能力和水平，同时也成为全市、全省中职专业教师培训，师生技能竞赛和技能考证，为当地培养产业人才、企业员工技能进修的重要基地。

2. 教学改革成效明显

课程和教材建设成果丰富，聘请行业企业专家与学校专业课教师一起编写了服装专业3个主要专门化方向的人才培养方案，制定了3门核心课程的课程标准，基本完成了以工作任务为核心、以业务流程为主线的核心课程和教材建设，服装立体剪裁等7门课程被评为市级精品课程；教师主编或参编出版《女上装纸样设计与立体造型》《服装设计款式图表现》等9本教材，编写校本教材23本。

校企合作生产实训车间模式的教学改革成为广东省中职学校教学改革典型案例之一，为示范校的专业建设和教学改革提供了经验。

3. 教学质量稳步提高

服装专业学生连续7年代表广东省参加全国职业院校学生技能大赛，实现七连冠。截至2021年，我校代表广东省参加全国职业院校学生服装技能大赛，已经累计获得11个一等奖、12个二等奖、24个三等奖，在全国职业院校学生技能展示中获得特等奖和一等奖。服装专业毕业学生双证书率达到99.6%。我校在中山市中职学校教育教学质量评价中连续多年稳居全市第一名。

4. 专兼职教师团队建设成效突出

服装专业现有 35 名专业教师，已培养 2 名专业带头人、8名骨干教师，有 31 名教师被评为技师或高级技师，2 名教师被评为"广东省十佳服装设计师"，2 名教师被评为高级服装设计师，1 名教师被评为"全国十佳制版师"，1 名教师被评定为中山市技能大师，"双师型"教师比例达到专任专业课教师的90%。有3位教师参加了省教育厅组织的赴新加坡南洋理工学院进修学习，参加了国家骨干教师培训15人次，参加了以学生为中心的英国教学法培训33人次。所有专业教师每年均不少于1个月时间到企业参加生产实践或挂职锻炼，还聘请了17位企业技师做服装专业的兼职教师，专业的发展还吸引了 20 多位全国知名服装设计师、专家学者和企业生产技术管理人员加盟担任服装专业建设指导委员会专家。

5. 校企深度合作进入良性发展阶段

校企合作共建生产实训车间的举措推动了校企深度、高端和全面合作。例如，我校与中国纺织科学研究院合作建立纺织品检测中心项目，与中山英仕服装有限公司合作完成婚纱晚礼服制作设计项目等。目前，我校校企合作项目已达22个，合作单位包括中国纺织科学研究院、广州美术学院、中山市尚道服饰有限公司等30多家科研院所及企业，校企及产学研合作进入良性发展阶段。2012年8月，我校被中山市人民政府授予"中山市产学研合作奖"。

6. 改革与实践产生了广泛的辐射示范作用

校企合作生产实训车间模式的教学改革与实践不仅在学校服装专业及校内各专业中成效显著，对全国中等职业教育各专业教学领域也产生了重要影响。例如，承办教育部产教对接高峰论坛，吸引近100所职业院校单位来我校参观交流，在国家教育行政学院向全国近200所职业院校做示范校建设经验介绍等。

第三节 信息化条件下中职专业课

工作室课堂模式教学改革

导读：当今，以信息化应用为手段全面推进中职学校教育教学改革已成必然之势，数字化课程学习系统的建设和使用不仅仅聚焦课堂，更在改变课堂、提升课堂。我校在多年教学的改革中成功实施和推行了专业课教学的工作室课堂模式。近年来，数字化课程学习系统在工作室课堂的应用和推广，更让我校的专业课课堂教学充满智慧和活力，更为师生所喜爱，也更加确保了课堂教学效果与教学质量的稳定和提升，同时也形成了我校具有特色的"信息化条件下的工作室课堂模式"。

一、工作室课堂模式的内涵

工作室课堂模式就是工作室与课堂教学的有机结合，是把专业核心模块课程的课堂教学放到工作室中，在工作室课堂中开展项目教学、生产性实训、跟岗和顶岗实习，学生在工作室课堂中"做中学，学中做，学做合一"，在"学校教师+企业师傅"的共同指导下完成专业知识、专业技能的学习、实训乃至跟岗和顶岗实习。同时，工作室课堂也是专业教师工作的办公室、课室和实训室，是三室合一的工作环境。在工作室课堂里，教师不仅可以备课、教学和指导学生实习实训，还可以进行校企合作。工作室课堂颠覆了传统的"课室理论教学—实训室验证学习"的教学模式，实现了专业设置与产业需求对接、课程内容与职业标准对接、教学过程与生产过程对接，加强了教学与市场的联系，缩短了专业教学与企业生产的距离，从而全面提高了人才培养的质量。

二、信息化条件下的工作室课堂模式的内涵

信息化条件下的工作室课堂模式是数字化课程学习系统与工作室课堂模式的深度融合，并提供优质、互动、可以满足虚拟仿真操练的学习资源，示范学习过程，构建在信息技术支持下的以学生为中心的学习环境，支持学生的研究性学习，实现翻转式教学模式。

信息化条件下的工作室课堂模式聚焦的是中职专业课的课堂，期望达到的目标是全面提升工作室课堂教学效果和教学质量。所以，在工作室课堂教学的课前、课中及课后的整个教学过程中均全方位融入数字化课程学习系统的使用，也只有数字化课程学习系统所具备的教学资源查询与管理、教学视频录播与存储、虚拟仿真、课堂交流讨论、教师答疑、作业提交、在线测试、学习评价、校企连线等功能可以有效地化解中职专业课教学与实训中普遍遇到的难点，全面地呈现和提升"做中学，学中做，学做合一"的工作室课堂模式的教学效果和教学质量。

三、信息化条件下的工作室课堂模式的实施及成效

1. 信息化条件下的工作室课堂是教师组织教学的智慧课堂

信息化条件下的工作室课堂要求教师在组织教学的各环节全面地使用数字化课程学习系统。课前，教师要在数字化课程学习系统中预先准备好所需的教学资源，并指导学生用各自的账号登录学习系统，打开相应的教学资源，可查阅和观看本课程的教学设计、PPT课件、微课、教学视频等进行自主学习；课中，利用教学视频录播系统，将教师或企业师傅的示范操作实时转播到学习系统上，供学生无死角观看，同时将这一示范操作视频录制存储起来作为教学资源，针对其中的操作难点还可以利用慢进、快进、回播、暂停等功能反复观看和学习，然后学生在小组实操时又可将实操过程录下来，或把最后的作品拍成照片作为作业在线提交给教师检查和评价；课后，学生还可随时随地通过计算机或手机等终端设备进行在线学习，与同学、教师或企业师傅进行在线交流，甚至还可以连线校企合作的企业对学生作品进行远程评价等。如此，数字化课程学习系统的使用不仅提高了课堂教学效果，也让工作室课堂中教师的组织教学更充满智慧与活力。

2. 信息化条件下的工作室课堂是学生自主学习的课堂

工作室课堂采用的是项目教学、生产性实训，以企业产品生产为项目任务，教学过程对接生产过程，让学生在真实的企业环境里"做中学，学中做"，让教学在完成真实产品的开发或生产中进行，岗位技能要求较高，专业知识要求较广。例如，我校服装专业的英仕婚纱晚礼服设计制作工作室里，学生至少要学习婚纱晚礼服的设计、结构制图、缝

制工艺等专业核心课程，还要学习服装材料，服装跟单，排花、钉珠，服装生产管理，质检等相关课程或技能，甚至还要学习企业文化、职业规范及班组同事间团结协作等内容。因此，工作室课堂的教学内容是开放的、综合的、扩展的。

在工作室课堂中引入数字化课程学习系统，学生可以用各自的账号登录系统，利用系统提供的丰富的课程教学资源开展自主学习，通过查看专业课程教学内容、反复观看教师或企业师傅的操作演示视频来实施专项技能操作。例如，服装专业的婚纱晚礼服制作技能要求高，工艺环节多，通过数字化课程学习系统可以反复地学习，甚至可以在课后的任何时间、任何地点通过手机等移动终端进入系统进行自主学习；也可以通过系统的交互功能在自主学习的过程中与教师、企业师傅、同学乃至其他人进行互动交流，解决疑难；还可以通过系统的录播功能把自己操作的过程或完成的作品录成视频或图像，在系统平台上提交，让教师或企业师傅进行实时或远程评价。

3. 信息化条件下的工作室课堂是开展开放环境下实训的课堂

在工作室课堂，全面推行项目教学和生产性实训，教学过程对接生产过程，教学在完成真实产品的开发或生产中进行，因此，教学和实训的成本较高。例如，制作一件婚纱晚礼服，材料成本高，质量要求也高，次品虽不可避免，但次品率不能居高不下，如何解决这一难题？数字化课程学习系统中提供的虚拟仿真功能是解决这一难题的有效方法，利用虚拟仿真功能可以在计算机上预选各种面料进行效果模拟，甚至可以开发出专门的试衣系统，从中选择最佳的产品效果，把设计开发成本降到最低。同样，在汽车维修的实训中，我们可能会遇到类似的问题，要维修的真实车辆是有限的，而故障是千变万化的，这就需要让学生更多地了解各类车型的各种不同故障的特征以及故障的判断和处理方法，利用数字化课程学习系统中提供的虚拟仿真功能就可以预设各类故障供学生去判断和处理。结合真实的生产性实训，信息化条件下的工作室课堂就可以开展"虚实结合"的开放环境下的实训。

4. 信息化条件下的工作室课堂是专业对接产业、对接岗位、对接前沿的课堂

在信息化条件下的工作室课堂，利用数字化课程学习系统可以实现

与企业的互连互通、远程交互及资源共享；也可以根据教学需求，引进企业项目，教师带领学生与企业合作开展项目研发、产品生产等工作，使师生的作品转化为企业的产品，再转化为市场上的商品。例如，我校服装、工艺美术专业的很多工作室都可以给企业设计开发新产品、制作样板等，项目任务的完成既培养了学生，也让专业教学和专业发展更加对接产业、对接岗位需求；同时，还可以将网上大量与专业课程内容相关的产业发展前沿资讯下载下来作为教学资源存入数字化课程学习系统中，供师生随时查阅和学习。例如，每年的巴黎时装周、米兰时装周、北京时装周等流行趋势发布会的资讯，让学生在工作室课堂里就能了解香奈尔、阿玛尼等世界顶尖服装名牌及产业发展的动态和前沿资讯。

5. 信息化条件下的工作室课堂是教师信息化教学能力不断提升的课堂

　　信息化条件下的工作室课堂对教师的信息化教学能力提出了更高的要求，尤其是教师开展信息化教学的意识和教师的信息技术运用能力，不能简单理解为会做电子教案、PPT课件，或者会录播视频和使用教学资源库等。长远的教师信息化教学能力提升要经历3个阶段，即从"技能形成"教育阶段到"能力培养"教育阶段，再到"知识创新"教育阶段。在"技能形成"教育阶段，主要是掌握信息技术和装备在教学中应用的基本方法，获取、选择、应用优质教学资源，破解教学"瓶颈"难题。在"能力培养"教育阶段，主要是将信息技术与装备的应用与教学过程深度融合，并提供优质、互动且可以满足虚拟仿真操练的学习资源，选择最恰当的教学方法以适应不同专业的教学需要。在"知识创新"教育阶段，主要是在信息技术的支持下构建以学生为中心的学习环境，示范学习过程，支持学生的研究性学习，实现翻转式教学模式。信息化条件下的工作室课堂要求教师努力从"能力培养"教育阶段向"知识创新"教育阶段进阶，因此，信息化条件下的工作室课堂更是教师信息化教学能力提升的课堂。

　　数字化课程学习系统的建设和使用促进了教学信息化的全面应用和推广，推动了中职专业课教学的改革，提升了教师信息化教学的意识和教师的信息技术运用能力，更重要的是保证了每位学生在工作室课堂能按照自己的学习进度和学习特点进行专业学习和实训。教师通过熟练地使用数字化课程学习系统，监控指导每位学生的学习过程，确保每位学生按质按量地全面完成学习任务，真正达到"做中学，学中做，学做合一"的工作室课堂模式的教学效果和保证教学质量。

第四节　中职"服装定向工作室"
教学改革探索与实践

　　导读：随着服装市场的转型与发展，对专业技能人才也提出了更高的要求。中职服装专业在以往的教学上主要采用传统的教学模式，教学内容方面理论性偏强，实训项目方面模拟教学偏多，真实项目实战较少，师资力量方面则以"学院派"为主，缺乏市场实战经验，这就导致了所培养的学生不能完全快速地胜任企业的工作岗位。基于以上种种情况，这种在教室以授课为主的教学模式成为制约中职服装专业人才培养质量提高的"瓶颈"，教学形式与内容的改革迫在眉睫。因此，中职学校通过校企合作对接，能够形成校企共建、共用、共管的服装一体化教学工作室，形成具有鲜明职业教育特色的"做、学、教"一体化教学工作室，实现小班制精英培育；解决实训教学规模大、教师少的难点；通过企业的资源与配合，解决实训耗材成本高、专业项目与市场脱节、专业教师业务落后等问题，培养企业真正能用、好用、想用的服装高素质高技能型人才。这些对中职服装专业的改革和发展具有重大的意义。

　　传统教学主要存在的不足与弊端：首先，课堂上采取以教师为主体的教学，以灌输知识和模拟实训为主，在教学内容上产生了与市场的脱节与断裂现象，在教学项目上很难调动学生学习的兴趣和积极性；传统教学模式与现代职业教育的应用性、实践性要求不相符，导致毕业生难以适应首岗的工作要求。同时，教学长期脱离市场，学生的专业技能、职业素养、行为习惯的培养就难以达到企业对人才岗位能力的要求。其次，中职服装专业班级学生人数普遍达到了每班40～50人，人数上数量偏多，而在服装专业实训中一名教师在课堂上很难将技能实操传授到位，导致绝大多数知识点到为止，学生所学泛而不精、方向不明确。再次，服装专业属于动手性、实操性较强的科目，在教学实训过程中需要消耗大量的实训材料，教学成本高给学校、学生带来了一定的经济负担，导致在教与学的过程中实训的量和质方面会受到一定的影响。

因此，急需新的教学改革让中职服装专业能真正对接岗位、对接市场，培养企业所需的服装人才。

一、服装定向工作室教学构思

让企业进入课堂，把课堂搬进企业，学生真正能实现"做中学，学中做"，是众多职业学校教改的一大方向，然而真正做到这一点十分困难。如今我校已经具备多种条件和优势资源，因此在专业改革与校企合作方面进行了大胆的尝试。深化校企合作，借助服装企业的力量与资源，共同建立服装工作室。以企业真实的服装设计、生产项目，实现融教学与生产于一体，不断整合优化课程；以实践为学习重点，融实践与理论于一体，不断提高学生的职业技能；以工作任务为驱动、以工作过程为导向，还原真实的服装工作场景。在企业的管理要求和工作氛围中，培养学生的职业素养；在真实的项目案例中体现"做、学、教"统一的职业教育理念，促进知识传授与生产实践的紧密衔接，最终提高教育教学质量，实现"校、企、生"三方共赢，如图4.2所示。

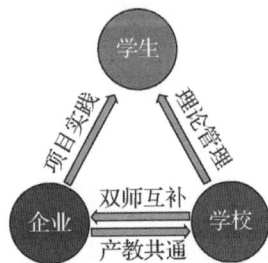

图4.2 "校、企、生"三方共赢示意图

二、校企共建服装定向工作室

借助沙溪服装产业的优势，结合我校服装专业校企资源，校企合作共同搭建校内项目工作室。从众多的服装企业中，寻找、挑选、洽谈合适的企业进行校企合作。理想的企业所具备的条件是规模适中且对教育有一定的奉献精神，同时能够利用学校的资源。因为规模太大的企业不需要也不愿意与学校合作，规模太小的企业的实力不够与学校合作。近年来，我校引企入校，经过多次的寻找与洽谈，共与13家企业建立了校企合作项目。其中，我校与中山市尚道服饰有限公司、中山市硕森服装有限公司、中山市九寸钉服装有限公司等企业共建了10多个服装定向培养工作室，企业总投入折合经费500余万元，并委派技术总监、师傅40

余人进校进行项目实施。我校共建了婚纱晚礼服设计制作工作室、服装营销工作室、服装展示与陈列工作室、服装设计工作室、针织服装设计工作室。建设成具有产品设计开发—服装制版—成衣制作—产品展示—网络营销一条龙式的工作室链条，让学生在学校就能接触产品、了解市场。每个工作室根据专业教学、企业开发项目的要求都建成项目开发区、样板制作区、教学区、公共生产区、样品展示区等功能区，能一体化完成产品的开发、样品实施、互动教学、成品展示。

三、工作室教学实施

在服装工作室中校企双师共同参与组织教学工作，并将企业的真实任务引入课堂教学中，让学生在真实的生产项目中，根据企业的要求完成任务、学习方法、掌握技能。同时，学生充当企业员工的角色，"上课就是上岗，上学就是上班"，让学生的设计作品与企业的实际产品相结合，在教学过程中完成企业的生产任务。学生通过工作室完成作品、产品的制作后，可以联合服装专业的营销工作室将产品通过电子商务平台推向市场转化为商品。同时，学校可以通过市场来检验学生的学习效果。这就实现了作品变产品、产品转商品的过程，同时学生在工作室完成的实训项目通过检验合格后，企业会根据学生所创造的价值给予一定的奖励。

企业设计、生产项目进学校，建设服装一体化教学工作室。在学生所参与的工作任务中，所有的耗材都由企业提供，这为学校和学生的实训教学降低了耗材成本。在校企合作的过程中，引进的企业师傅十分重要，这也是校企合作能否真正落地和形成成果的关键所在。一方面，企业师傅的数量和质量问题需求得以控制和安排。学校需要的是能教技术的师傅而不是工人，因此人数不能太多；学校需要的是兼职教师，同时也需要具备一定的教学与管理的能力。学校需要的是生产性的实训、工学结合的课堂，绝不能变成企业生产的加工车间。

为了让在工作室培养的学生在完成两年的学业后，能运用所学的专业知识和技能，我校与工作室对接的企业在校外公司本部共建了校外实训基地。三年级的学生通过工作室的实战训练后直接对接校外实训基地进行直接上岗，并可以独立完成项目，从而获得相应的薪酬。部分优秀学生顶岗实习薪酬已经超过4000元/月。这样实现了学生基础知识技能学习—定向工作室培养—校外实训基地顶岗实训—企业就业的完整对接，如图4.3所示。

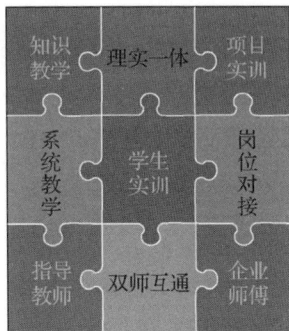

图4.3　校企对接示意图

四、工作室管理

1. 小课堂、大管理

工作室是一个校企教学大课堂，因此管理更是关键所在。工作室管理属于校企共管范畴，因为参与工作室的管理比管理普通课堂要复杂，有企业师傅、员工、教师、学生、产品，有货物流通与人员的流通，有企业与学校的交融，有厂房与教室的碰撞。因此，学校需要制定健全的校企合作管理制度，以规范管理、严格把关。我校在学校校企合作办公室督导下制定了《中山市沙溪理工学校校企合作管理办法》《中山市沙溪理工学校校企工作室管理办法》《中山市沙溪理工学校校企合作员工管理章程》《兼职教师管理办法》等管理制度，完善校企管理运行机制。

2. 新课堂、共管理

新项目新模式管理更复杂，需要专职教师与兼职教师（企业师傅）分管共管。在项目管理方面，对真实项目的引进严把质量关，坚持与该专业人才培养目标相一致，避免把学生变成企业廉价劳动力，从事简单的重复劳动。这需要专业教师与企业师傅进行精心设计与深度沟通，设计好实训项目确保教学与生产的有效合一。在学生管理方面，专职教师无论是在管理经验与管理技巧方面都比较有优势，因此，学生主要由专职教师负责。参照日常的企业管理模式，在日常的管理中渗透企业的制度与企业文化，同时也需要选拔班组长参与管理，锻炼学生的相互管理能力，及时监控学生学习情况和项目进展动态。在绩效技术管理方面，兼职教师（企业师傅）主要负责产品的质量与监管及技术的传授与教学，确保企业的产品在质量上过关。在教师管理上，参照企业管理，实行项目主管和项目经理制；根据教师的业务能力进行绩效考核，实施动态管理。此外，搭建多种平台，促进教师提升业务能力，以更好地胜任工作室的教育教学和组织管理工作。

五、工作室教学考核评价

我校在工作室的教学工作中采取了多元评价体系，以学生技能为考核评价的着眼点，注重学生学习过程的考核评价。学生能力与表现怎样，由教师、企业共同评定，让企业技师参与对学生的评价。在教学过程中配有企业技师与专业教师，共同指导学生并对学生的岗位技能进行考核评价。提供真实的工作任务给学生学习，评价的结果就是产品，产品的好坏决定了学生学习成果的好坏，因此，在整个评价过程中企业的师傅要参与。学生的考核标准根据企业的生产技能要求来设定。在内容上，理论考核和技能考核相结合；在进程上，把终结性考试与过程性考核相结合；在评价者主体上，实行学生自评、互评，教师评及师傅评相结合。不同类型的项目课程采取不同的考评方法，对以理论为主的课程以专任教师组织考评为主，以技能实训为主的课程及实训实习以企业技术员或兼职教师组织考核为主。这改变了以往仅由学校教师评价、以期末理论考核评价为主、缺乏过程的考核及考核方式单一的考核评价体系，从而能全面、客观地对学生的综合能力做出评价，如图4.4所示。

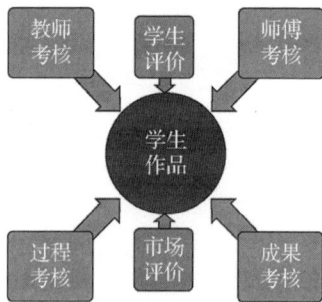

图4.4　学生作品评价示意图

六、改革实施条件

1. 学校重视与支持

改革是痛苦的也是困难的。定向工作室的改革所牵涉的部门比较多，如学生管理方面有学生德育管理处、宿舍管理处，教学课程方面有教务处、实训管理处。工作室课程调整及课时的增减、质量考核评价等方面涉及全校的调整。因此，专业的改革只有得到学校各级领导的认同与支持，才能顺利实施。在这些管理上的落实，需要得到学校层面的支持和各部门的协调与执行。

2. 新的人才培养方案与课程体系的支撑

工作室模式的实施需要新的人才培养方案与课程体系支撑。我校根据服装示范性的改革，结合服装专业校企合一、工学结合的人才培养模式，建立了分模块、分方向课程体系。在教学时间的安排上，在高一年级学习文化基础课程和专业基础课程，在高二年级根据学生的兴趣分方向，重新编班，根据课程体系只开设德育、体育、专业考证等公共课，其余学习时间学生在工作室完成综合项目。这就确保了学生在工作室的学习时间长达20多个课时，也确保了项目的集中实训时间。

3. 企业资源是必要条件

工作室的建设项目离不开企业支持，离开企业将不具备执行条件。本次改革我校充分借力了当地成熟的服装产业优势，借助了中山英仕服装有限公司、中山市硕森服饰有限公司、中山市尚道服饰有限公司等合作企业的资源。企业在实训中心提供设备的投入、实训过程中产品与耗材的借用及技术指导等多方面的支持，校企合作共建了校内服装实训中心、定向培养教学工作室，将生产过程与教学过程融为一体，实现了校企合一、工学结合。同时，我校共与20多家企业建立了校外实训基地，解决了定向岗位的顶岗实习与就业难题。

4. 师资队伍结构是重中之重

师资队伍决定了教学质量，工作室的项目实施更需要好的师资。在工作室实施的教学项目中，让学校的专业教师与企业的兼职教师共同参与教学，实现专兼职合作、双教师教学。在合作的企业中挑选有技术并且能管理学生和有耐心指导学生的技术能手作为兼职教师。作为企业师傅，只有会做会讲，才能胜任工作室的项目教学工作。作为学校的专职教师，除了要具有管理学生和教育学生的能力，还需要具有吃苦耐劳、不断进取、积极上进的品质。专业教师只有在管理学生和教学的同时花大量的时间在学习企业的技术和管理上，才能完成工作室的管理与指导工作。

七、建设成果及建设成效

1. 建设成果

①建设13个服装教学工作室。充分对接校企合作资源，与企业共同建设了服装成衣设计与制作工作室、服装营销与管理工作室、服装陈列与展示设计工作室、民族服饰品设计与制作工作室等13个工作室，均

与企业进行对接。根据生产的需要，结合生产的要求配备了专用实训设备；同时，根据特殊工艺与工种的需求，企业提供了部分专用设备投入学校，供工作室使用。

②形成了一股"名师引领、兼职互补"实现双师交替的新力量，提高教学质量。工作室项目教学团队中，"双师型"教师新增4人，聘请企业兼职教师26人。实施工作室教学改革，有效推动了"双师型"教师队伍建设。工作室的设置依据专业教师的业务专长和职业发展方向，实行专业教师负责制，为教师的职业发展搭建了平台。由于工作室制教学模式强调教师与学生共同设计选题、研讨项目、享受成果，对专业教师的职业能力和教学能力都提出了更高要求，教师通过工作室实践不断提高自己的专业实践能力、教学研究能力。近年来，教师撰写专业论文20篇以上，主编或参编教材7本，培养专业带头人3人、骨干教师9人，建成4个名师工作室。

2. 建设成效

①建设期间，我校与中山英仕服装有限公司共同创办的婚纱晚礼服一体化工作室建设效果显著。通过企业派发的服装设计与制作任务，我校组织服装设计与工艺专业教师为主导，带领学生共同参与产品研发设计，其中设计的部分服装款式图被企业成功采纳并投入生产，直接产生经济效益，完成了作品—产品—商品的转换。企业、学校、教师与学生都真正获得了收益，达到了互赢。

②辐射到省内外兄弟院校。服装专业定向工作室教学改革实施后，得到了各级众多领导的认可，兄弟学校多次前来参观学习；先后得到《中国教师报》《南方日报》等多家媒体报道，起到了较好的示范作用。

第五节　基于工作室教学模式的艺术设计课程分层式教学评价体系研究

导读：传统的艺术设计课程教学评价体系存在很多问题，如教师随意打分、学生处于消极被动的位置，使评价不能起到应有的评价和鼓励作用。基于工作室教学模式的课程评价体系，遵循设计流程，强调定性和定量的结合，将教师、学生和企业设计人员综合起来进行评价，突出了设计评价的综合性和科学性。

工作室教学模式是针对艺术设计专业服务地方经济的发展而构建的"全方位、开放式、交叉互动"的实践教学体系，即"课堂+工作室+企业+竞赛"四位一体的新教学模式。该模式通过选拔学生进入创新工作室，利用工作室作为载体，将理论和实践教学有机结合，利用工作室团队参加各种设计竞赛；将企业实际设计项目导入课堂教学，拓展学生参与实践的渠道，提高学生的实践能力，使成果服务地方经济；推进企业与学校之间人才培养与技术创新的全面合作。

基于工作室教学模式的艺术设计课程分层式教学评价体系，就是按照艺术设计流程，将每个阶段纳入设计评价，结合教师、企业设计人员和学生，强调教师的主体地位、学生的参与地位、企业设计人员的辅助地位，既鼓励学生创新，又强调设计的可实现性，利用定量和定性的手段构建综合课程评价体系。该课程评价体系的建立，既体现了艺术设计强调创新的特点，又关注了学生的设计过程，同时也突出了工作室教学模式的实践性特点，是一种全新的教学评价模式。

一、关于课程评价体系

课程评价的本质就是人对课程的价值判断。评价的根本目的在于促进发展，关注学生、教师、学校和课程的发展，突出评价的激励与调控功能，激发学生、教师、学校和课程的内在发展动力，实现自身价值。斯塔弗尔比姆（Stufflebeam）将评价定义为"为决策提供有用信息的过程"。他强调："评价最重要的意图不是为了证明（prove），而是为了改进（improve）。"这一看法得到了教育界的广泛支持。信息技术的发展和网络时代的到来，促进了知识的无限丰富与急剧增长，以传授知识为主的教学受到挑战，转而注重综合培养学生的学习态度、创新意识和实践能力及健康的身心品质等多方面的素质，为学生的终身发展奠定基础。为此评价功能也发生了根本性转变，关注学生学习的方法与过程以及与之相伴的情感态度与价值观的形成。评价不再是为了选拔和甄别，而是为了发挥其激励作用，为学生的发展服务。评价功能的转变同时影响着教师评价工作的开展。教师是教育的实施者，承担教育学生的任务，教师的素质及其发展同样成为课程改革的重要话题。

二、艺术设计专业课程评价体系存在的问题

艺术设计是一门新兴的交叉学科，在发展过程中，课程体系需要不断加以完善，教学方法也需要不断加以改进。以往沿用的课程评价体系照搬其他非设计类学科的评价体系，需要不断加以改进，主要存在以下几个方面的问题。

1. 课程评价中教师的评价随意性太强

艺术设计的专业课程，如产品设计、人机工程学和设计研究等课程，因为布置的作业侧重考查学生的综合设计能力和创新能力，所以在评价时往往存在课程教师随意打分的情况。面对学生完成的设计结果，教师往往将创意新颖的作品打分为"优"，将具有表现效果不佳、细节不够等问题的作品打分为"不及格"。这样的评价标准不一，往往会让学生找不到方向，给教学带来消极的后果。

2. 学生处于消极的被评价地位

在传统的艺术设计课程分层式教学评价中，学生往往处于消极的被评价地位，他们无法参与设计评价过程，不能与教师进行探讨，无法了解评价的标准和要求，以致自己得了高分却不知道理由，得了低分也找不到原因。有经验的教师会通过自己的点评，告诉学生为什么得到这样的分数，但是这样会挂一漏万，让学生不知所措。

3. 评价方式过于单一

艺术设计普遍采用的课程评价方式是将平时成绩、考核成绩和考勤结合起来评价。平时成绩根据学生平时作业的得分进行平均，将最后一个大作业成绩作为考核成绩；考勤根据学生迟到早退情况进行打分。这种评价方式看似将学生整门课程的综合表现都囊括进来，其实这种方式比较单一，缺乏对学生的创意能力和独特个性进行鼓励，这样便会出现按部就班地完成每次作业的学生可以得到高分，但是有创意的学生因某次作业完成工作量没有达到要求而得不到好成绩的现象。

4. 评价过于看重结果而忽视过程

艺术设计的课程评价体系应该是一个综合的考评体系，而不应该只看重最终结果的评价。对于一门课程的学习过程，教师应该不断通过评

价，鼓励和监督学生认真对待，防止出现学生学习不认真，通过各种手段来达到教师要求而获得高分的情况。所以，评价过程应该贯穿整个教学过程，通过精神鼓励或者其他手段给予学生评价，给予他们学习的动力，不能只用最终分数来衡量学生的表现。

三、艺术设计专业课程评价方法

艺术设计专业课程的评价应该立足于艺术设计的特点，强调学生的创新能力、动手能力和完成设计的专注力等综合素质，这就需要从以下几个方面入手。

1. 定性和定量相结合，界定两者的比例

对于艺术设计专业课程评价，教师应根据课程特点来制定评价标准，强调定性和定量的结合，尤其是在对学生的设计进行综合评价时，通过定性的方式，突出对学生创新能力的评价，鼓励学生独立思考；在对学生完成设计的能力考评上尽量结合定量的手段，用分数衡量每个阶段，突出学生的工作量。

2. 综合考评，防止过于单一化

例如，产品设计课程是一门综合性课程，其将前两年的基础课和其他专业课进行了整合，所以在进行评价时，教师应注意综合考评，防止单一化。不管是定性评价还是定量评价，教师都应该将学生的创意能力、表达能力（口头表达、手绘表现和模型表达）和团队合作能力等纳入评价体系，进行综合评价。

3. 多人参与，防止评价主体单一

在评价过程中，为了防止出现教师打分随意化的情况，评价主体应尽量多样化。教师作为课程的主导者，在评价中所占的比例可以大一些，但是要引入其他一些评价者，如学生、其他相关课程教师或者企业人员。评价主体多样化，体现了整个评价体系的公正性和科学性。

4. 结合设计定位来评价，防止出现评价标准的偏差

教师一定要注意结合学生的设计定位来评价，防止出现评价标准的偏差。如果评价主体来自教师、学生或者其他企业设计人员，因各自所站的立场不同，评价标准差异过大，最终使评价结果受到影响，那么就要特别强调评价的标准必须依照整个设计的定位，如人群定位、市

场定位和使用环境定位等，不能根据个人立场过于主观地评价学生的设计作品。

四、按照设计流程，建立工作室教学模式的艺术设计课程分层式教学评价体系

要建立工作室教学模式的艺术设计课程分层式教学评价体系，就必须严格按照设计流程来进行，关注整个设计过程，结合设计结果来综合考评。整个设计流程分为选题审定、前期论证、设计定位及展开、设计优化、设计定案和答辩6个相互关联和循环的阶段。教师应在每个阶段制定相应的评价主体和评价标准，用定性的方式进行评价，然后结合每个阶段的重要性，用定量方式进行比例分配。作业项目化，以作业完成过程来控制教学质量，由任课教师对过程进行全程管控，由任课教师、其他相关课程教师、实践单位工程师和学生组成评判小组，对最终设计效果进行评判。其中，过程分值和最终设计效果评判分值各占50%，以达到定性与定量合理化。

1. 评价体系的特点

（1）体现整合化特点

整合化的课程需要一套完整明确的评价体系，防止出现随意打分的情况，同时建立一套定性和定量相结合的评价体系。整个评价体系中既有教师、学生，又有企业人员，同时打分既关注设计过程，又关注设计效果，还关注整个设计的可实现性。评价体系的建立让整个课程的考核更加方便易行，同时也能确保公平公正。

（2）突出工作室的实践性特点

改变传统的教学评价模式，结合工作室教学设计"工作室+课题+企业+竞赛"四位一体的教学评价模式。以往的课堂教学评价更多地关注教学过程，或基于设计流程和作品进行评价，工作室教学评价则要结合工作室教学内容、学生完成企业任务的动手能力、作品被企业认可及采纳情况、市场销售情况等，所以在评价时要引入企业人员的评价和市场评价。结合企业项目化任务驱动教学，让企业人员参与评价，结合市场反馈评价，可以让学生了解自己设计的可行性，能否获得市场的认可。这体现了艺术设计的实践性特点。

（3）突出学生的参与作用

在评价中，将学生纳入评价主体，鼓励学生对别人的作品进行评价。这体现了评价的综合性和复杂性，能有效增加学生对课程的关注，从而提高他们上课的积极性。

2. 评价中要注意的问题

基于工作室模式的评价体系的建立，使评价能够尽量做到公平公正，但是也要注意以下问题。

（1）创意的理解因人而异，如何利用评价来鼓励创意

受个人的主观影响，对创意的定性评价相差较大，尤其是当学生出现一些天马行空的创新想法时，这样的创意设计经过多人评判，最终也许只能得到一般的评价结果，这就对评价体系能否鼓励学生创新提出了疑问。因此，评价体系不能忽视教师的评价主体地位，应充分尊重教师对创新和创意的理解。

（2）如何做到对设计过程的管控

基于设计流程的设计评价体系很全面地囊括了设计过程，但是如何对学生的设计过程进行管控是一个值得注意的问题。学生的设计报告可以在一定程度上反映设计流程，但是无法体现学生在设计过程中的思考、优化和细节处理。所以，评价体系应突出学生的参与过程，强调答辩的重要性，鼓励学生在答辩中充分发挥表达能力。

（3）实践性的体现

设计评价要注意突出实践性，鼓励学生设计具有可行性的产品，而不是纯粹地凭空想象。例如，要求学生在完成作业的过程中完成模型或者样机，使其理解设计并非只存在于纸上，而是实实在在的产品。

第六节　以特色"订单班"为依托，
推动现代学徒制内涵建设

导读：我校在中山市教体局的大力支持下，与中山英仕服装有限公司联合办学，成立英仕"订单班"，大胆探索实践现代学徒制。我校现代学徒制内涵建设的实践，对中职学校的现代学徒制人才培养模式进行

研究，并提出可行性意见，为中山市的中职教育开拓了一条建设性的新路，为中职学校现代学徒制发展提供参考。

2015 年 8 月，教育部公布了 165 家首批"现代学徒制试点单位"，中山市入选为首批试点城市之一。我校积极响应中山市现代学徒制试点工作，依据中职学校试点初期相关政策方案，积极探索、实践现代学徒制办学。

学徒制度在中国兴起于奴隶社会，是一种古老的职业训练方法，徒弟主要是在参与生产过程中受师傅的指导而掌握所学手艺或工艺的背景知识。传统学徒制曾经是最普遍的学习方式，在生产过程中师徒共同劳动，学徒在师傅指导下进行实操，由易到难、逐渐过渡到更复杂的生产过程。学徒在工作场所（环境）观察、模仿师傅的技艺，然后在师傅的指导下习得知识或技能。

我校以服装设计与工艺专业结合校企合作优势与中山英仕服装有限公司联合开办"订单班"，深化校企合作、工学结合的人才培养模式，实行专兼结合的师资队伍教学，根据生源特点和专业特色，因材施教，实施人才的"订单式"培养，重点把握现代学徒制办学内涵建设。

一、特色"订单班"推动现代学徒制内涵建设

1. 特色"订单班"是推动现代学徒制内涵建设的有效手段

我校与中山英仕服装有限公司实行联合办学，成立英仕婚纱、晚礼服特色"订单班"，签订合同，建立相应机制，是推动现代学徒制内涵建设的有效手段。首先，"订单班"是校企共同推进的一项育人模式，教育对象既可以是学生，也可以是企业员工。对学生而言，就学即就业，一部分时间在企业产品车间生产，一部分时间又在学校学习，学生和企业员工一样都可以从企业领取相应的工资。其次，这突破了企业培训和学校教育的隔离，在学校设有教学课室及生产车间，企业师傅与学校教师共同参与教学，校企共同研究制订实施性教学计划和课程内容。再次，实现了教学场地、教学人员、学生身份的有机融合，学生是学习者也是生产者，企业师傅在生产过程中是生产者也是教学者，兼顾双重身份。

"订单班"打造成设备进学校、师傅进课堂、产品进实训中心、企业文化融入校园文化、企业管理融入教学管理的学徒制实训中心。企业

管理进课堂、企业文化进课堂，实现了校企共融、共管，以企业师傅的工匠精神塑造学生的专业精神和职业态度，打造现代学徒制课堂。

2. 特色"订单班"是推动现代学徒制内涵建设的校企合作重要平台

现代学徒制是企业和学校共同推进的一种以技能培养为主的现代人才培养模式，而工学结合人才培养模式改革是现代学徒制试点的核心内容，它与职业学校当下正在开展的校企合作、工学结合有着不同之处。我校服装设计与工艺专业通过多年的努力，已经将校内实训基地打造为国家级重点建设实训基地，拥有一流的生产实训设备，实训基地进驻了多家校企合作企业，已经实现校企共融，形成校内实训平台，实现了工学结合的人才培养模式。这种校企合作、工学结合是一种将学习与工作相结合的教育模式，形式可以多种多样，而且工作与学习交替的周期不一，具有灵活性、碎片化特点。特色"订单班"是结合英仕婚纱、晚礼服设计及生产制作的需要，招生所成立的班级，学生是学习者也是生产者，建设专业化生产车间，摆脱了碎片化的校企合作，打破了传统简单的生产实践或顶岗实习。

根据"订单班"的建设需求，形成工学结合的专业化学习、生产平台。在实施性教学计划中，对教学场所、生产实践车间做出明确要求，对课程学习内容、轮岗实践做出具体的安排，保障学生兼学徒身份同时存在。通过双方共同制定相应的管理机制，明确了学校、企业培训机构分别承担的相应责任，保障了企业和学校培训在培训过程中的规范性、协同运作，深化了工学结合人才培养模式改革，为现代学徒制内涵建设提供了校企合作的平台。

3. 特色"订单班"是推动现代学徒制内涵建设的重要保障

近年来，服装产业受到世界经济危机的影响，众多企业在转型升级过程中面临劳动力成本上升、招工难等发展"瓶颈"，服装企业努力寻求校企合作之路，降低企业生产成本。中山英仕服装有限公司属台资企业，公司经营的婚纱、晚礼服产品的制作工序复杂、手工制作要求高，适合师徒的学习方式，学生具有双重身份，既是学习者也是生产者，学生具有高度的稳定性，有效缓解了企业招工压力。"订单班"是由校企共同研制的招生方案，我校将招生计划纳入学年度招生计划，进行统一招生安排与管理，真正做到了招生与招工的一体化，积极开展"招生即招工、入校即入厂、校企联合培养"的形式，解决了学生招生难题。另外，"订单班"的实行深化了产教融合、校企合作，推进了工学结合。校企联合办学的形式，通过制度约定，规范操作，保障了学生素质教育与技能的培养，实现了提高职业技能和培养职业精神高度融合，是培养学生的社会责任感、创新精神、实践能力的重要举措。

二、特色"订单班"推动现代学徒制内涵建设的实践过程

"订单班"有利于促进企业参与职业教育人才培养全过程，实现专业设置与企业需求对接，课程内容与职业标准对接，教学过程与生产过程对接，提高人才培养质量和针对性。在推广现代学徒制的过程中需要企业和学校专门制定相应的人事政策进行支持，重点把握其内涵建设。

1. 构建培养方案，实施教学计划

"订单班"的人才培养方案由校企共同构建，将英仕婚纱、晚礼服制作的用工标准与专业课程标准相结合，企业深度参与整个人才培养的全过程，提高了人才培养的适用性与针对性。学校负责承担系统的专业知识传授、技能基础训练和专业素质拓展；企业通过师傅带学徒形式，依据培养方案进行岗位技能培训，真正实现校企一体化育人。生产性实训区别于普通课堂，更加具有企业性。对于学生的整体提高，学校需要完成学生的理论知识学习及专业拓展，校企共同构建课程体系，将素质拓展的课程渗入生产实训中。

婚纱、晚礼服制作工艺复杂，学生长期在同一工序实训会感到单调、枯燥，容易缺乏积极性，也不利于他们的成长。因此，在整个生产实训过程中，制定了周密的培训方案，设定好岗位环节，学生以小组形式定期轮岗实训，帮助学生全面掌握技能和获得发展，如图4.5所示。

图4.5　英仕婚纱生产线

2. 开发教学资源包，建立考核机制

根据教学计划，校企共同开发教学资源，根据分工不同，各有侧重。中山英仕服装有限公司根据岗前培训、上岗实践等环节开发技能培训资源，指导学生快速掌握岗位技能；学校根据学生专业基础及素质发展需要，开发专业学习、素质拓展等方面的教学资源。教学资源开发注重结合企业文化，引导学员的专业态度，教导学生敬业和在产品生产中严谨、一丝不苟的态度。

学生是学习者和生产者的统一，体现在学习任务生产化、生产任务教学化，实现了学生作品到商品的转化。

①师傅把关——质量的检查认可。以真实的企业生产任务作为实训任务，学生在企业师傅的带领下经过实战操作让产品成型，每件作品都必须在师傅的监督下变成合格的产品。学生得到企业师傅精湛技艺的传授，技能得以提高，通过生产实训对生产流程、生产工艺、制作技术有所掌握。

②顾客消费——市场的反映评价。以真实的企业任务作为学生的练习任务，学生实战操作的产品转化为市场商品。在设计环节，充分发挥学生的创造想象力，根据市场企业的需要设计婚纱、晚礼服的款式，通过企业设计师或顾客的认可，再制作成型直接变为商品。在整个过程中实现了市场对学生的评价，顾客定制对学生的反馈。

③生产效益——奖学的激励评价。结合企业生产任务开展教学，将学习任务生产化，让学生的学习生产环节产生一定的生产效益。企业根据"订单班"生产所产生的效益按一定的比例设立奖教、奖学金，充分调动学生的学习积极性。学生具有双重身份，是学习者和生产者的统一，在学习的同时可以享受一定的生产效益分配，结合企业分配机制对"订单班"学生进行合理的考核分配，给学生带来成就感，激发其学习动力。

④教师指导——教师的点评讲解。教师作为教学的重要参与者，主要考核专业基础、素质拓展教学部分，在生产实训环节主要是协助企业师傅根据考核标准对学生进行考核，偏重学生的阶段性总结与考核管理。

3. 专兼师资结合，形成双导师制

专兼结合的师资队伍建设，保障了"订单班"教学任务的完成。学校每年派2名以上专业教师参加中职学校青年教师企业实践培训项目，到中山英仕服装有限公司进行为期半年以上的下厂实践，给培训合格的专业教师颁发结业证书，获得证书后才能获得英仕"订单班"教师资格，这保证了学校指导教师的质量。中山英仕服装有限公司经过20多年的沉淀，培养了一批综合素质好、技艺精湛的老师傅，他们具备工匠精神，为联合办学奠定了良好的企业师资基础。经过校企共同考核，选拔了15名企业师傅入选英仕"订单班"企业师傅队伍。中山英仕服装有限公司每年派6~10名师傅到学校生产车间参与生产，在生产过程中指导学生生产。企业师傅由学校聘为兼职教师，驻扎在定制生产车间进行岗前培训及生产指导，参与培养过程，带领学生完成生产订单，如图4.6所示。

图4.6 英仕"订单班"郑慧老师培训学生现场

在实训过程中，教师不断分析、总结实训过程中需要改进的地方，及时发现并调整，定期与师傅沟通学生的情况。师傅可以在技术指导过程中，穿插进行专业精神、职业态度等教育。专兼教师协作，形成双导师制，有利于实训的开展与管理，学生能成长更快、进步更大。

4. 建立行之有效的运行机制

我校开展校企合作多年，积累了丰富的经验。充分发挥学校教代会力量，通过不断试行与完善，建立了健全的校企合作制度和管理条例，为校企合作提供了制度保障。服装设计与工艺专业为我校龙头专业，结合企业校企合作、工学结合的特点，形成学生多方向学习的工作室教学管理模式，为"订单班"教学提供了重要保障。

培训方案做到学生专业学习与素质学习相结合，保证学生的基本权益。婚纱、晚礼服制作工序繁多，学生掌握晚礼服的设计与制作需要到各工序岗位实践学习，在培训方案中明确每位学生的生产岗实训，让学生对每个岗位的技能都能了解与掌握，得到多个师傅的精湛工艺的传授，训练学生制作优质的产品。

在教学管理上制定工学交替管理方法，明确双师分工，教师负责学生管理工作及基础专业教学、专业拓展，企业师傅负责岗位培训与生产指导，教师定期与师傅交流。接受能力强的学生可以做一些较难的工序，接受慢点的学生可以用较长时间训练简单的工序，在培训过程中做到因材施教。在岗位学习中，学生受到每名师傅的产品制作精神的感染，培养对产品精益求精的态度。

学校和英仕企业共同制定考核标准，由教师和企业师傅负责考核评价。所有学生的岗位工作任务完成情况和岗位能力全部纳入考核范围，对学生实行弹性学制。在岗前培训合格后，教师和企业师傅组织学生通过简单的工序进行上岗实习，企业师傅根据实习的具体情况进行生产指导。在轮岗过程中，学生通过教师和企业师傅共同考核后才能到下一个岗位实践学习，在管理上保障每个学生的学习质量。

三、现代学徒制实践中存在的问题

校企合作、产教融合双赢的同时，校企双方利益平衡关系是一个长期课题。学校与企业之间的利益关系是相互的，企业看重学校持续的人力资源储备，希望生产效益最大化；学校需要企业的实训生产任务及工匠师傅，希望办学效益最大化。双方只有处理好利益关系并掌握好平衡关系，才能双赢，实现持久合作和发展。

学制时间太短。目前中职学校的3年学制，以实施"2+1"的教学模式为主，除规定的基础文化学习外，还有专业基础课程和专业核心课程。学生参与生产性实训培养的总体时间有限，导致学生的专业基础不够扎实，知识技能领域不够宽泛。

近年来，升学通道多，这与学徒制班学生的选择有冲突。"订单班"学生主要是报考服装设计与工艺专业的学生。随着"3+2"中高职衔接办学的实施与推进，更多学生希望通过"3+2"中高职衔接升学考试上大专，他们只能放弃"订单班"的学习机会。

第七节　基于中英IMI项目的汽车运用

与维修专业现代学徒制探索

　　导读：中山市教育和体育局在2014年9月公布首批中职学校现代学徒制的试点专业，我校汽车运用与维修专业成为全市7所学校7个试点专业之一，依托政策优势积极探索中英IMI（Institute of the Mobor Irdustry，英国汽车工业协会）合作办学。

　　试点工作实施以来，我校紧紧围绕项目目标，严格按照招生与招工相融合、校企联合双元育人、建设"双导师"教学团队、建设"现代学徒制工作站"等培养平台、建立与现代学徒制相适应的教学管理运行机制5项基本要求，做了大量具体的工作，在办学资源、教学理念、教学方法、教学管理等方面均取得了显著的成效。现简要总结如下。

一、学校现代学徒制试点工作的目标与意义

　　依托地级市政府主导下的现代学徒制的政策优势、平台优势、机制优势探索校企联合招生、双元育人、经费投入等机制建设。同时，解决学校的中英IMI合作项目的实施策略，包括IMI考评员培训、IMI内督员培训、岗位需求等。

　　丰富中山市现代学徒制试点项目人才培养模式，研究基于IMI项目下的现代学徒制人才培养模式、课程体系和教学模式等，着力构建具有中山特色的人才培养模式。通过中英IMI项目合作形式，将企业引入学校，建设中英IMI实训中心，提供的若干岗位就可以完成从技能学习到岗位培训的全部工序，真正实现教学与生产的无缝对接。通过学校、企业及英方（IMI）三方合作，培养具有中英两国认可的"双证书"人才，即学生可同时取得国家职业资格证书（汽车修理工中级证书）和英方官方认可的资格证书（IMI轻型车辆二级证书）。

二、汽车运用与维修专业现代学徒制实施概况

　　2014年6月15日，经过两年多的前期沟通和筹备，在中山市教育和

体育局等上级部门主管领导以及多位高校、企业负责人的共同见证下，学校与英国诺丁汉中央学院正式签订IMI合作项目协议，拟在考评标准引进、课程体系建设、联合培养学生、教师互派等方面推进合作。在双方努力下，2015年9月，学校4位教师通过英方IMI考评员考核，顺利完成IMI班的入学考试和选拔工作，成功筹建了30人组成的IMI中英合作汽车专业班，正式开展教学、实训、考证、推荐就业等一系列工作。至此，IMI项目成为中山市中英职业教育国际合作示范区首个落地的现代学徒制项目。

2016年9月，在前阶段工作基础上，学校汽车运用与维修专业推行的现代学徒制项目，继续申报了2016年现代职业教育综合改革试点省奖补专项资金，成为现代职业教育综合改革示范市项目，建设时间到2017年6—9月。建设任务包括：现代学徒制校内实训基地建设；现代学徒制师资认证培训及校企合作联合招生、培养；专业现代学徒制教学资源平台、教学资源包建设等。至此，现代学徒制项目成为带动全校专业建设和综合改革的新动力源。

三、汽车运用与维修专业现代学徒制实施过程和工作措施

1. 实施专业教学，促进现代学徒制本土化

（1）建立汽车IMI工作室，实施现代学徒制教学

2014年7月，学校与英国艾蒙特克公司正式合作建设汽车现代学徒制IMI工作室，并成立中山市沙溪理工汽车维修中心，成为汽车维修专业定向IMI认证的综合性实训工作室，用于IMI认证/现代学徒制教学班教学。实训室所有硬件、软件及管理均严格按照IMI的国际标准执行。

2015年9月，我校第一期IMI学员班正式开始教学。本期IMI班共有30名学生参加，所有学生均拥有"在校生"和"在岗学徒"的双重身份，所以IMI班又叫汽车现代学徒制班。按照教学计划，本期教学时长为1年，学生于2016年8月结束学习并参加考证。课程安排方面，2015年9月—2016年1月，每周开展30节IMI考证课和2节体育课，共计32个课时。2016年2—8月，每周开展22节IMI考证课、8节汽车修理工中级考证课、2节体育课，共计32个课时。其中，IMI考评课程严格执行英方的课程体系和标准，共开设14个项目，每个项目都设有理论课和实操课，实施理实一体化教学模式。学生学完后只有通过所有项目的理论和实操考核，

才能取得IMI二级证书。学生在工作室内完成所有IMI课程所确定的实操项目和理论学习，教师在"生产性实训"环境下进行教学，教师轻松、愿意，学生喜欢，改变了传统教学模式，教学效果显著。经过1年多的学习，2016年8月，第一期IMI班30名学生全部通过官方考试。截至目前，我校已经培养近200名学生获得世界高度认可的IMI职业资格证书。

（2）按照现代学徒制要求，培养师资队伍

专业教学实施现代学徒制，急需培养专业更优秀、更贴近企业需要的教师队伍。在此过程中，学校不仅要求学生参与学习，还要求教师走出校门，深入企业一线，了解市场的最新信息和情况，并就此调整教学方法和内容，使其更有针对性、更有效果。借助IMI项目，我校适时加强了师资队伍建设。2016年6月6—10日，英国IMI汽车专家保罗·莫里森（Paul Morrison）先生、IMI中国区经理沈铮先生及广州交通运输学校IMI项目负责人邱志华主任、曾泽辉老师一行到我校进行为期一周的实操评估资格培训、毕业审查和教学指导。6月7—9日，保罗·莫里森先生通过抽考学生，对我校负责IMI项目的吴高飘、张胜龙、刘涛、梁宇恒4名老师进行评估资格的培训反馈、评估面谈考核、总体反馈总结。最终，这4名专业教师通过考试，获得IMI项目的理论、实操考评员资格。

2. 深化校企合作，加强企业合作育人

（1）继续深化教学模式改革，全面落实"校企合作、产教融合"

在现代学徒制项目带动下，我校继续实施"深化产教融合，促进校企合作"战略，建成"教学做三位一体"的汽车运用与维修专业人才培养模式。

进一步推进与行业企业间的合作。汽车运用与维修专业与沙溪雄鸣汽车维修厂、北京中鑫创投有限公司合作打造汽车实训基地，创新开发课程体系，推进改革教学评价模式，与企业联合举办"阳光汽技，扬我所长"主题汽技部服务周暨汽车精品销售会。

我校办学成效得到《中国教育报》、《中国职业技术教育》杂志、中国日报网、人民网、广东卫视、《广州日报》、《南方日报》、《广东教育》杂志、《中山日报》等20多家媒体的关注和报道。

（2）实施"工学结合"，完善工作室建设，改进工作室教学实训评

价方式

我校为深化专业教学改革，开展深度校企合作，在原有实训室的基础上，汽车专业投入资金150多万元，新建成IMI教学实训工作室，对应推进工学结合的教学评价体系改革，提升学生的专业技能与职业素养。

工作室课堂模式是工作室与课堂教学的有机结合。在此模式下，把专业核心模块课程的课堂教学放到工作室中，基于校企合作开展工作室课堂教学，在工作室可完成项目教学、跟岗和顶岗实习，学生在"双师"指导下进行学做合一的生产性实训学习，实现课堂教学课程内容与职业标准对接、教学过程与生产过程对接，实现了教学与市场的紧密联系。

3. 推进教学及管理的信息化，保障现代学徒制实施

在现代学徒制项目的带动下，我校继续建设并完善了汽车运用与维修专业的数字化教学资源及共享平台，成功申报了广东省教育厅高中职处全面启动中等职业教育教学信息化竞争性项目，推进一体化实训室数字化课程学习系统建设。经过建设，一体化实训室数字化课程学习系统建设项目均以原有的实训室（工作室）为基础进行改造，建设和强化数字化课程学习功能，除配备学生计算机、教学服务器或教师计算机、智能会议通教学投影设备、视频音频录播系统及接入校园网外，重点是校企合作开发了各专业的一体化实训室数字化课程学习系统和教学资源包。功能主要涵盖教学资源管理、教学视频录播与存储、虚拟仿真、课堂交流讨论、教师答疑、作业提交、在线测试、学习评价、校企连线等，师生可根据课堂教学需要选择使用。

通过信息化，我校进一步增强了"校企一体化"项目的可行性和有效性，有效保障了现代学徒制项目的实施。

四、汽车运用与维修专业现代学徒制试点工作取得的成果

①初步构建了具有中山特色的"三级递进、工学交替"现代学徒制人才培养模式。该模式能体现将现代学校教育与传统学徒制相互融合，围绕企业用工和现代产业用人标准，以学生（学徒）技能培养为核心，以校企深度融合为基础，在吸收传统学徒制"做中学，学中做"的现场教学优势上，充分实现产教融合、工学对接。

②建立了中英合作的IMI实训中心，并建成了一体化数字化汽车专业课程资源实训系统，为现代学徒制实施提供良好的软硬件基础。2014年，我校申请了广东省教育厅专项资金支持的"汽车维护与保养"一体化数字化课程资源建设，并于2016年顺利验收和结题。该工作室的培养目标为"以汽车维修定向教学为主体，通过实训项目进行教学。以现代学徒制为教学模式，以IMI资格认证为中心，借助校企合作的企业资源，通过企业的生产性实训巩固和提高学生技能"，以项目为基础，汽车运用与维修专业成功被评为广东省"双精准"示范专业建设项目。

③现代学徒制研究课题"基于中英IMI项目的现代学徒制人才培养模式研究与实践"成功申报成为2016年度中山市教育科研重点课题。随着课题研究的深入，相关的研究成果对现代学徒制试点工作的推进具有重要的促进作用。

④现代学徒制人才培养效果成效显著，连续多年培养了200多名取得中英双方认证的"中英双证书"的毕业生，学生就业质量有了显著的提升。学生按照人才培养方案的要求，经过系统的学习和培训，完成了所有IMI课程所确定的实训项目和理论。学生还要到校企合作企业进行一定学时的生产性实训，完成"学徒"任务。学生在这样的环境下学习，专业理论知识掌握更全面、更深入，技能更熟练，水平更高。

所有学生不仅获得了国家职业资格汽车维修中级工资格证书，还通过IMI官方考试，最终获得IMI认证的IMI职业资格证书，成为名副其实的"中外双证书"现代学徒制毕业生。

总之，现代学徒制下的英国IMI项目，"招工即招生，入企即入校，企校双师联合培养"，学生兼有学徒和学生双重身份，学校和企业共同育人，改革现有的人才培养模式，进行实车多岗位零距离对接教学模式。IMI项目通过引进IMI合作班教学所需的课程体系、授课计划、考评标准、实训设备要求、理论及实际操作练习汇编、教学资料等全套教学支持材料，引入了英国IMI职业资格认证体系，培养具有国际化视野的高技能人才。我们相信，通过现代学徒制这一国际合作模式，将继续大力推进中山职业院校国际化高技能人才培养模式，有效提升学生适应未来发展的综合职业能力。

第八节　电子商务专业工作室
课堂模式改革与实践

导读：经过我校长期的校企合作模式实践分析，工作室课堂模式是校企合作的一种创新模式。根据其特点和功能定位，按照一定的设置条件和实施环节进行运作，运作过程注重师资提升、课堂任务与企业任务相结合、项目来源和工作室的运行评价4个关键方面。

一、研究背景

随着社会的发展与国家教育政策的支持，中职教育在校企合作方面形式多样，目前已经出现合作双方利益的差异性，现需要探索一种真正实现双赢的合作模式。本节以"电子商务专业工作室课堂模式"为例建立一套运行方案，为中职学校校企合作提供建设性意见。

二、工作室课堂模式的特点

项目工作室是一种由学校提供场所，企业出资建设，能够长期承接校内外业务，同时长期承担项目教学任务的公司模式。通过项目引进和项目开发，把真实的任务引入教学和研究，并将由此衍生的学术成果投入商业运作，既为企业解决实际问题，又为师生提供实践的平台。

电子商务专业开展工作室课堂模式，强调校企合作、项目对接、校企共评，即引企进校，建立项目工作室，在工作室开展课堂教学。工作室课堂模式改革了以前"理论+仿真"的课堂，形成了"理实一体+岗位实践"模式，实现了职业岗位对接，课堂任务对接企业岗位任务，培养电子商务专业的高素质技能型人才，为学生日后多元择业、多元岗位的持续发展奠定强有力的基础。

三、工作室条件和实施环节

1. 工作室条件

①引企进校，建立工作室。提供稳定的空间与配备先进的设备设

施。与企业进行项目研发、技术服务、人才培养共同育人、课程开发、专业建设等方面合作，共建的工作室具备教学、科研功能。围绕工作室开展岗位实践课程及创新项目化课程，学生参与项目的设计开发过程。

②学校与企业共同编制工作室规章制度，主要包括行为规范和考核制度两部分。调动各成员的积极性和创造性，培养各成员的工作责任感和使命感。

③形成可持续的项目开发和发展规划。让工作室有持续的实际项目，并在指导教师和企业的共同指导下完成。

2. 实施环节

（1）实施对象

实施对象为电子商务专业高二年级的学生。

（2）优化专业教学计划

以3年学制计算，原教学计划是前两年在学校学习理论知识和专业技能，第三年到学校合作企业顶岗实习。如今将原有的"2+1"的人才培养模式优化为"1+0.5+0.5+1"的模式。第一年的时间在学校学习理论知识和进行专业技能实训，第三学期进行专业岗位强化，第四学期进行工作室项目实践和创业实践，第三年顶岗实习。

第四学期也是做重点教学改革的一学期，在本校内的校企合作工作室进行项目实训、轮岗实训；同时，工作室提供多条创业途径，将学生分成小组体验创业。例如美工承包制，即学生的美工水平达到一定级别时，可以组队承包工作室的美工业务项目包。

改革前后教学计划对比如图4.7所示。

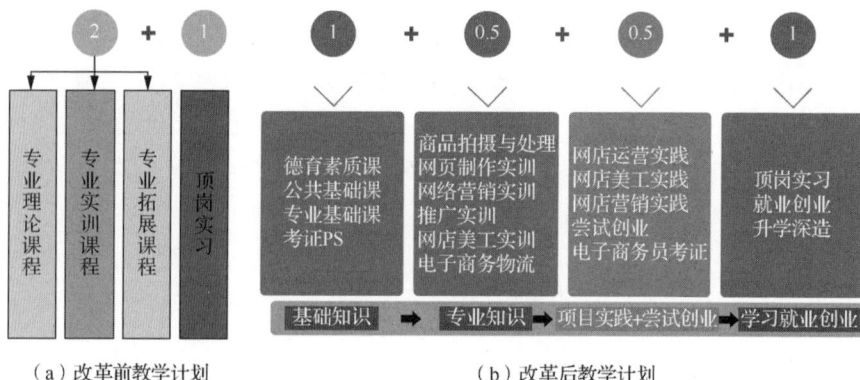

（a）改革前教学计划　　　（b）改革后教学计划

图4.7　改革前后教学计划对比

优化后，学生可以提前半年进入工作室参与企业项目实践，顺畅地过渡到企业实习，缩短了企业再培养的时间，为学生日后多元择业、多元岗位的持续发展奠定基础。

（3）实施时间

在第四学期开展职业岗位对接的课程项目，共18周。各岗位任务孵化期为4周，实践期为14周。通过项目的形成，学生对前一年半的专业知识形成系统认识，进行体验与实践。

（4）工作室项目教学进阶过程

工作室项目教学实施分为3个阶段。

重点岗位：摄影、美工、客服、推广。

项目任务：摄影综合实训、网店美工综合实训、网络营销综合实训、网络推广综合实训。

①孵化期阶段（前4周）

组队方式："双师"指导，每个岗位6名学生1组，开展训练，即"1名专业教师，1名企业导师，共同辅导6名学生"，训练1周。

各角色任务：

学生——每组学生轮流体验岗位任务，选择自己较擅长的岗位，为后面实践阶段分组做好准备。

教师——团队管理，与企业制定标准，理顺流程，跟进企业项目。每个课程的教师与企业技术员跟进各企业项目的分解方法和过程。

企业——制定企业标准和奖励方案，跟进项目，点评学生成果。每个岗位派一名技术员跟进，若在孵化期发现问题，则可以及时完善项目过程的要求。

②实践期（14周）

组队方式："1+1+4"方式，即"1名专业教师，1名企业导师，4名学生自由组合的TP运营团队"，实践14周的时间。

TP运营团队，每队成员4人（每个团队成员各有较擅长的技术），每个团队有自己的团队文化（包含创业梦想和价值取向），互帮互助，共同发展。团队文化以海报的方式张贴在文化墙，共同监督，每队设队长1名。

各角色任务：

学生团队——每队按企业标准完成不同的项目任务，自我评价。

教师——对接企业项目任务，实施任务，点评学生成果，成果审核。

企业——成果审核，合格的按企业奖励的方案执行。

③推广期（普及实训室）

将工作室的模式辐射到实训室，实训室的环境配套网络、资源库平台。设备已更新到i7的CPU，8G内存，1G显卡；高二年级的每个班均有独立实训室；教师已在工作室成长起来。各项条件比较完善，实训室已满足完成企业任务的要求。这时企业方不再需要专派企业成员进入课堂跟进任务，只需要由指导教师负责成果评价、成果审核和奖励方案的落实。

实施时分为孵化期+实践阶段。

各角色任务：

学生团队——每队按企业标准完成不同的项目任务，自我评价。

教师——对接企业项目任务，实施任务，点评学生成果，成果审核。

企业——成果评价和审核，合格的按企业奖励的方案执行。

四、课程开发

与企业共同开发与岗位能力对接的项目课程及评价标准，最初在校中企的工作室环境下实施教学，经改革后，再辐射到实训室，实现了理实一体化、任务驱动的混合教学模式，让学生参与实际的工作项目任务。

做法：把教师分成课程改革小组，开发《摄影项目实践》《文案项目实践》《美工项目实践》《推广项目实践》《网店经营与管理》校本教材，每本教材以项目为主线，分解成任务单。注重教材内容与电商岗位技能零距离对接，突出知识的系统性和实用性，强调实践能力的培养。

校本教材章节内容结构如下：

【项目概述】

【项目目的】

【内容和要求】

子任务一：

子任务二：

【参考资料及标准】

【项目评价】

【思考与练习】

五、项目课程考核评价

项目课程考核的评价引入了企业的评价，与学校方形成双评制。

课程考核方法：30%平时成绩（出勤、态度、纪律）+70%项目实践总评（企业、学校的综合评价）。

项目课程中的每个小项目都有评价的标准。例如，《美工项目实践》教材中的"商品详情页"的评价方法如表4.1所示。

表4.1　商品详情页评价表

评价项目	版面规范美观	图片质量	描述吻合度	细节处理	职业素养
评价标准	A. 优　秀 B. 合　格 C. 不合格	A. 优　秀 B. 合　格 C. 不合格	A. 优　秀 B. 合　格 C. 不合格	A. 优　秀 B. 合　格 C. 不合格	A. 大有提升 B. 略有提升 C. 没有提升
自我评价					
小组评价					
教师评价					
第三方评价					
总　评	修改建议				

说明：
1. 表格内按优秀、合格、不合格打分
2. 请合作企业专业人员、客户等专业人士担当第三方参与评判
3. 评为不合格的由指导教师注明原因及修改建议

六、改革优点

①结合校企合作开展工作室课堂模式，借助企业真实项目推行项目化教学，实现真实任务驱动教学，提升学生的综合能力。

②整合校企资源，开展职业岗位对接，学生上学即上岗，实现职业教育与行业、企业零距离对接。

③"双师"教学，师资队伍素质提升，学校教师的实践能力得到明显提升。

④以校企合作工作室为依托，实现以点带面，在专业部推行项目化教学，学生受益面扩大，惠及本专业的所有学生。

第五章

校企合作资源整合的突破

第一节　产学研一体服务平台构建

导读：我校结合产业集群优势，围绕"一个基地、两个教育培训单位、三个公共服务机构、四个名工程"进行规划布局，利用人才优势大力开展校企合作，坚定不移地走产学研结合之路，建设产学研结合的公共技术服务平台，发挥产学研结合的引领作用，完成中山市服装行业产学研结合的公共技术服务平台建设。

一、实施背景

中山市以纺织服装业为产业集群经济的主要支撑之一，目前拥有3个国家级服装名镇（中国休闲服装名镇——沙溪镇、中国牛仔名镇——大涌镇、中国内衣名镇——小榄镇），产业配套完善。2012年，中山市服装行业产值达760亿元；沙溪镇纺织服装工业产值达180亿元，是我国休闲服装的发源地，也是重要的休闲服装生产基地。

随着市场竞争日益激烈，出口形势严峻，劳动力成本大幅提高，大多数企业以加工为主，缺乏自主研发能力，近年来服装行业发展不断下滑。在此背景下，建设产学研结合的公共技术服务平台，发挥产学研结合的引领作用，对服装行业企业来说意义重大。

二、主要目标

我校作为主体，围绕"1个基地（广东休闲服装产业产学研结合示范基地）、2个教育培训单位（我校、中山职业技术学院沙溪服装学院）、3个公共服务机构（中山沙溪时尚创意园、中山市尚艺休闲服装工程研究开发中心、中山市中纺联纺织品检测有限公司）、4个名工程（名镇、名企、名师、名牌）"建设的规划布局，建成"中国休闲服装之都"新的产业集群，完成中山市服装行业产学研结合公共技术服务平台建设。

三、实施过程

1. 产学研一体搭平台

2005年3月，我校接管独立法人科研单位中山市尚艺休闲服装工程研究开发中心，通过10年的不断建设，我校已建成纺织品检测中心、服装品牌展示厅、服装展演大厅、服装CAD室、版房车间、服装摄影棚等功能场室，营业面积为2.2万平方米；配置了一批高新技术的制衣、制版、设计、检测、印染、摄影的现代化设备。

其中，由我校、中山市尚艺休闲服装工程研究开发中心与中国纺织科学研究院CTTC深圳中纺标公司合作建设的中山市中纺联纺织品检测有限公司，其纺织品检测实验室通过 CNAS 国家实验室认证，为中山及周边城市纺织服装企业提供便捷高效的纺织产品检测、认证服务。

目前，中山市尚艺休闲服装工程研究开发中心已建设成为中山市纺织服装行业最大的公共技术服务机构，提供研发、设计、展示、检测、培训、电子商务代运营服务。

我校和中山市尚艺休闲服装工程研究开发中心合作，全面建设产学研平台，为当地纺织服装企业提供质优价廉的技术服务，完善产业链，扶持企业走自主创新道路，联合企业建设中山市最大的服装创意园区。

2. 人才聚集显实力

我校成立服装专业建设指导委员会，聘请行业专家担任委员，具体负责产学研发展、专业建设和人才培养的研究、指导、咨询、服务等工作。

我校先后聘请了中国服装时尚行业开拓者张肇达、清华大学服装系主任肖文陵以及全国十佳服装设计师李小燕、金惠、林姿含、董怀光、邱伟、王宝元、毕特等著名设计师为学校专业建设指导委员会的专家。另外，中国纺织科学研究院院长赵强、副院长刘瑞标，吉林化纤集团董事长宋德武等受聘为学校高级顾问。

广东服装职教集团秘书处设在我校，我校也是中山市服装设计师协会的举办单位，定期开展各种学术交流、设计大赛、时尚沙龙，成为广东的一处时尚思维高地。

我校聘请二十几位企业行业设计师、制版师、工艺师担任兼职教学和实习指导教师。由全国优秀指导教师、南粤优秀教师、中国十佳服装制版师、广东省十佳服装设计师等组成优质教育教学团队。

自1992年起，我校为社会输送了近10000多位服装专业毕业生，他们大多数已经成为中山纺织服装企业的业务骨干和技术力量，部分毕业生自主创业成功，我校共培养了5位广东省十佳服装设计师、1位全国十佳制版师。我校毕业生为中山市服装产业做出了重要贡献。

四、实施条件

1. 省部支持共建树标杆

2012年12月，在当地政府的支持下，我校和中山市尚艺休闲服装工程研究开发中心牵头，与香港理工大学设计学院、广东省技术中心等共同申报的"省部（广东省、教育部、科技部）产学研结合示范基地《广东休闲服装产业产学研结合示范基地的建设》科研项目"正式获批。该项目的实施，使学校和研发中心在产学研结合、技术服务方面走在全国中职学校前列，进一步推动了中山市传统服装产业的转型升级。

2. 高端引领促发展

我校在市政府的大力支持下，学校占地68亩、建筑面积近6万平方米的工业厂房给创意园公司优惠使用，投资达人民币2亿元，建设中山沙溪时尚创意园。创意园主要建设产品设计开发、检测、销售、电子商务、人才培养培训等先进产业链条。创意园区内在2020年新增2间大师工作室、2家行业服务机构。引进中国服装时尚行业开拓者张肇达入校，成立张肇达大师工作室，并与北京肇达·张服装研究中心合作建立大湾区时尚设计中心；成立文燕燕大师工作室，致力于岭南非遗文化与服饰创作研究，结合当地产业优势，服务于省内外服装产业创新。与中山市买它网有限公司合作建立直播中心，成为直播人才孵化基地；与尚道服饰建立女神战袍营销中心，入驻中山市尚艺休闲服装工程研究开发中心、中山市纺织工程学会2家行业服务机构。到2021年，园区内共有6间大师工作室，7名广东十佳服装设计师，1名全国十佳制版师。

我校在创意园区建设过程中，充分发挥自身优势，联合中山职业技术学院沙溪纺织服装学院打造服装专业中高职一体化人才培养基地，起到巨大的人力资源支撑作用，联合企业建设产业升级产业融合型企业，建设为中山市产业升级发展的示范高地。

五、实际成果、成效及推广情况

1. 产学研合作结硕果

①研发、技术推广平台。我校与中国天竹产业联盟、广州春晓信息科技有限公司等合作，推广环保健康面料、高新技术服装机械、服装信息化工程、精益生产工程技术。我校帮助中山市通伟服装有限公司、中山市霞湖世家服饰有限公司、中山市长城制衣有限公司等员工超过2000人的规模型公司成为精益生产的典范和受益者。

我校与上海和鹰机电科技有限公司合作在校内成立了和鹰中国华南区4S中心，学校分别组建生产与管理工作室、纸样与裁床工作室，根据市场需求由企业技术人员、管理人员和学校教师共同制定教学任务，培养人才。在企业内推广应用服装标准工时精益生产系统项目，提高企业生产水平和生产效率。

②设计平台。我校服装专业师生积极参与到为企业提供设计开发服务，服务的企业有中山市华人礼服有限公司、狄卡威服饰有限公司、深圳贝利爽实业有限公司、南通东帝纺织品有限公司等10余家企业。

我校与深圳贝利爽实业有限公司、南通东帝纺织品有限公司合作研究开发的测温变色T恤，在上海世博会上展示、销售。创立校企合作品牌——COOLLV酷侣，获得2012广东时装周最佳休闲装设计奖。

我校服装设计专业为了进一步对接企业，培养市场所需人才，与南通东帝纺织品有限公司合作成立梭织工作室，同中山市尚道服饰有限公司合作成立针织工作室，与中山英仕服装有限公司成立婚纱晚礼服工作室，由教师和企业设计师带领学生共同设计开发不同类型的产品。另外，与中山市霞湖世家服饰有限公司合作成立"霞湖店长班"等。

③展示平台。为企业提供季度产品发布会时装表演、晚会时装表演、模特摄影、平面广告、影视广告宣传服务，每年服务企业30余家。

④培训平台。有针对性地开设服装设计与营销、CAD、服装QC跟单、服装纸样制作、服装缝制工艺、服装检测、计算机平面设计、服装IE等各种培训班，培训与推荐就业相结合，为企业不断输送各类型技术人才。

⑤检测平台。我校、中山市尚艺休闲服装工程研究开发中心与中国

纺织科学研究院CTTC中纺标检测公司合作，在校内建设了中山市中纺联纺织品检测有限公司，为纺织服装企业提供便捷高效的产品检测服务。

随着市场的需求增大，我校与中山市中纺联纺织品检测有限公司合作开办"纺织品检测与贸易班"，为企业培养输送产品质量检测和跟单人员，是国内中职学校首个开办此专业方向的学校。

2. 省部支持共建出经验

近几年，我校在政府的全力支持下，高效推进国家示范校的创建工作，同时积极推动省部（广东省、教育部、科技部）镇产学研结合示范基地的创建，极大地提升了学生的技能实践条件和师资实践水平，学校上千名师生成为直接的受益者，也给合作企业带来巨大的经济效益。

我校引进名师工作室，建立教师工作室，与企业实际工作对接，既服务企业又培养学生。以这种现代学徒制方式培养中职学生，我校走在前列。

2012年8月，我校获得2011年度中山市科技奖励最高奖——产学研合作奖。

六、体会与思考

我校以产学研结合为特色提供技术服务，让行业、企业与学校良性互动，正是有为才有位、有位更有为的体现。我校对帮扶企业付出极大心血，效果突出，政府各级部门更愿意加大投入，促进学校更上一层楼。

服装的价值主要由品牌、面料、设计和工艺构成。现在，人文文化、产业文化越来越成为服装行业发展的基础和出路。学校是文化传承和积淀之地，我校坚定不移地走产学研结合之路，必将成为引领中山乃至广东区域服装发展的重要力量。

我校开展产学研活动，势必涉及资金、信息、技术、人才等要素的流动。在目前对学校规范越来越严格的财政管理体制下，企业许多项目无法按照市场经济规律来开展。我校承办了独立法人单位——中山市尚艺休闲服装工程研究开发中心，以此衍生出中山市中纺联纺织品检测有限公司、中山市服装设计师协会等独立法人单位。这些机构正是连接学校与行业企业的桥梁，发挥了巨大的作用。

第二节 产教对接背景下"融合—分享"
资源共建共享实践探索

导读：我校以"专业对接产业链，教育对接价值链"作为人才培养模式，坚持产教融合，注重共建共享资源平台建设，以对接广东服装产业、服务广东经济建设为目标，以校际合作为基础，以校企合作为依托，以专业发展为纽带，通过举办服装设计大赛、产学研高峰论坛，开展校际交流、企业培训、校企招聘会等活动，促进资源共建共享平台建设。我校资源共建共享平台建设表现出"融合—分享"的鲜明特征，形成自己的特色。通过多年的努力，我校的"融合—分享"资源共建共享模式，在中高职衔接、人才培养模式等方面获得了较好的成绩。

一、资源共建共享平台建设背景

党的十八届三中全会强调，要"加快现代职业教育体系建设，深化产教融合、校企合作，培养高素质劳动者和技能型人才"。习近平总书记指出："要牢牢把握服务发展、促进就业的办学方向，深化体制机制改革，创新各层次各类型职业教育模式，坚持产教融合、校企合作，坚持工学结合、知行合一，引导社会各界特别是行业企业积极支持职业教育，努力建设中国特色职业教育体系。"①根据《广东省中长期教育改革和发展规划纲要（2010—2020 年）》精神，广东省各行业开始探讨集团化办学，以专业和产业为纽带，与行业企业和区域经济建立紧密联系。在此基础上，为了进一步推动职教集团研究，创新职业教育集团化发展模式，我校充分发挥职业教育集团服务职业教育、企业行业、经济社会发展的作用，重点在资源共建共享方面下功夫，逐渐形成"融合—分享"资源共建共享模式。

---

① 习近平：加快发展职业教育　让每个人都有人生出彩机会[EB/OL]．（2014-06-23）[2021-03-20]．http://www.xinhuanet.com/politics/2014-06/23/c_1111276223.htm.

二、"融合—分享"资源共建共享模式的基本概念与目标

"融合—分享"资源共建共享模式是我校在资源共建共享过程中,以服装职教集团为基础,整合学校、企业、政府、科研机构、行业协会等各方的资源,建立共享平台,并本着合作共赢的原则来建设这个平台,同时由参与建设的各方分享共建资源。

新加坡职业教育的办学理念就是合作、交流、融合、分享,这表明"融合—分享"资源共建共享模式具有强大的支撑面。

我校服装职教集团依托地方产业经济,对接广东服装产业,服务广东经济建设,通过集团资源共建共享平台建设,促进校企合作,推动专业发展,培养专业实用人才,形成学校、政府、企业、行业协会共同参与的"融合—分享"资源共建共享模式,如图5.1所示。通过该平台建设,充分整合职业院校、行业协会、企业单位各自的优势资源,优化集团资源配置,提高办学水平,实现资源互补、政策共享、连锁培养、科学发展的目的,走出一条低投入、高效益的职业教育发展新路。

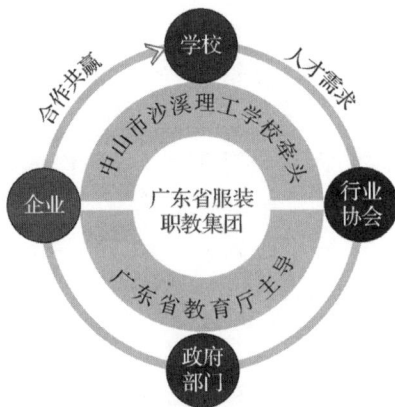

图5.1 "融合—分享"资源共建共享模式

三、八大资源共建共享平台建设

我校以本校服装专业为基础,积极加快广东省服装职业教育改革与发展步伐,大力推进校企合作、工学结合,全面促进"三个结合"(社会需求与办学方向相结合、产业发展和专业建设相结合、教学组织与生产过程相结合),与政府、高校、企业、行业共同搭建中高职衔接、师

资培训、企业培训、举办招聘会、校际交流学习、服装设计大赛、产学研成果展示、产学研高峰论坛八大共建共享合作平台，如图5.2所示。

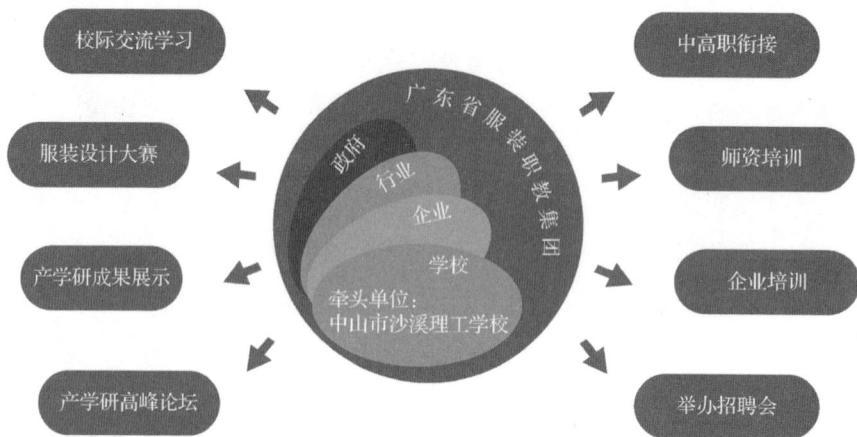

图5.2 资源共建共享平台

1. 政府投入建设基础设施平台

为推进中山市服装产业的转型升级，我校结合当地休闲服装产业优势，着力打造"软实力"优势，推动服装行业转型升级。沙溪镇适应产业经济发展需要，携手中山职业技术学院沙溪纺织服装学院，逐渐成为教育培训、技术研发、管理服务"三位一体"的实用技能型人才培训基地。规划建设面积近6万平方米的"中国·沙溪创意设计园"。

2. 中高等教育共建三二对接平台

为贯彻落实国家、省中长期教育改革和发展规划纲要精神，构建与现代产业体系相适应、体现终身教育理念、中高职教育协调发展的广东特色现代职业教育体系，保证高职院校对口中职学校自主招生三二对接，在服装职教集团框架内，我校致力于推进中高职业教育相衔接的学历教育。目前有中山职业技术学院与中山市沙溪理工学校、中山市第一中等职业技术学校、东莞市纺织服装学校等学校进行三二对接，深圳职业技术学院与深圳市宝安职业技术学校进行三二对接，以后集团内将有更多学校进行三二对接人才培养。

3. 暴风科技打造"互联网+电商"校企合作平台

我校、中山市尚艺休闲服装工程研究开发中心与中山市暴风科技有限公司签订合作协议，三方共建中山市服装行业电子商务产学研合作公共技术服务平台，推动服装产业转型升级。新组建的暴风服装电商公司领头携众多优质服装供应商组建联盟提供资金和技术支持、运营管理，我校和中山市尚艺休闲服装工程研究开发中心的师生、设计师和服务服装行业多年积累的企业资源无缝融入平台，打造国内领先的以B2B2C方式开展校企合作共建的O2O平台，同时提供众多学生创业创意创新岗位，如设计开发、分销、推广、美工、客服、物流、质量检测等岗位，充分发挥校企双方的优势。

4. 高峰论坛搭建服装行业高端交流平台

我校把专业建设建立在行业发展的技术前沿，服装职教集团以此为基础，不断推动行业发展升级。2009年举办服装行业产学研高峰论坛，2010年举办"天竹"杯休闲服装设计大赛，同期举行服装产业产学研高峰论坛，2011年举办广东职业教育与产业发展对接暨与粤港澳服装业对话论坛，2012年举办广东省服装职业教育集团服装行业产学研高峰论坛，2013年举办第九届天竹联盟代表大会及服装产业高峰论坛，2014年举办"深化产教融合 促进校企合作"论坛。其中，2011年12月13日，由教育部主办，广东省教育厅和中山市人民政府承办的广东职业教育与产业发展对接暨与粤港澳服装业对话论坛在我校举办，教育部副部长、广东省副省长、全国70多所高校领导专家学者到会。

5. 专业成长促建师资培训共享平台

我校经常举办广东省教师培训。2011年，广东省中职学校服装专业技能竞赛指导教师培训在我校举行。2013年，广东省中职学校服装专业技能竞赛指导教师培训在我校举行，我校承办广东省青年教师下企业实践活动总结交流会。2013年以来，我校成为广东省教育厅组织的校长国家级培训基地，先后有广东省校长培训班、甘肃省校长培训班、云南省校长培训班等先后来我校接受专项培训。2017年以来，我校积极参与东西协作帮扶，参与教育扶贫，与云南昭通市盐津县职业高级中学、贵州省六盘水职业技术学校签订对口帮扶协议，并提供师资培养。

6. 信息化教学资源云平台

服装职教集团以数字化教学资源为载体，推进教学管理信息化，已经初步建成有行业企业参与、信息量大、专业特色鲜明、使用方便快捷的专业数字化教学资源及共享平台。我校服装设计与制作专业的数字化教学资源及共享平台资源丰富，包括课程展示、资源库、校企合作、师资团队、顶岗实习、在线学习等栏目。为了实现平台的信息化、开放化，我校开发出了实训教学的视频同步系统。此外，我校将与企业合作，将相关课程视频引入企业，以方便培训员工。

四、"融入—分享"资源共建共享模式的创新点

1. 集团发展为"融入—分享"资源共建共享模式凝聚了强大合力

资源整合既需要充分发挥集团核心的带动作用，又需要充分发挥集团的凝聚力、号召力。我校能够在优质资源共建共享的过程中不断推出新项目、新成果，最关键的是充分调动了政府、学校、企业、行业的积极性，形成了"一主多元，四方协调"的集团管理机制，从而为共建共享资源平台的建设发挥了保驾护航的作用。

2. 多方共赢为"融入—分享"资源共建共享模式奠定了坚实基础

我校以本校资源共建共享为基础，与政府谋求职教支撑多方经济转型升级的共识；与行业企业谋求校企合作的共识；与服装职教集团内的中高职学校谋求中高级人才培养的共识。我校在谋求三大共识的基础上，把优质资源集中起来，实现了八大资源平台的迅速崛起，四方资源合理融入集团，各方从中分享更多的共享资源，这种共享共建模式抓住了职教集团发展的关键要素——利益共享。

3. 示范性建设为"融入—分享"资源共建共享模式注入了强大活力

服装职教集团共建共享优质资源始于全国示范性学校的创建，然后成为示范性建设的重要构成部分，当这个资源库建设与服装职教集团的内涵发展相结合时，这个项目便具有了强大的生命力。根深才能叶茂，植根于学校服装专业雄厚校企合作基础的优质资源共建共享平台，一旦遇到国家主管部门的大力推动，这个项目就有了源源不竭的动力和朝气蓬勃的生命力。

4. 产教融合为"融入—分享"资源共建共享模式拓展了广阔空间

我校紧紧依托和服务当地服装产业，对接产业办专业，形成了独具特色的"专业对接产业链"的专业建设模式，这一模式体现了产教对接的特点。在这一模式的主导下，服装职教集团的价值取向更加清晰，学

校资源平台建设方向更加明确，在推进教育教学改革、实行工学结合、校企合作、顶岗实习的人才培养模式等方面的创新与探索会更加活跃。

五、"融入—分享"资源共建共享模式的近期效应

1. 产学研成效显著

通过产学研培养的师生，成为纺织品实验室的主要技术力量；师生集体开发设计的酷侣品牌休闲装，获得2012广东时装周最佳休闲装设计奖；集团内聘请了多名十佳设计师，而且先后培养出陈雅洁、林永健、高家杰、徐璐等多名广东省十佳服装设计师；与南通东帝纺织品有限公司合作开发的服装，打入了2010上海世博会，并获得了很好的销售成绩；2012年8月，集团内中山市尚艺休闲服装工程研究开发中心获得2011年度中山市科学奖励最高奖——产学研合作奖，广东省博士后创新基地落户中心，已于2014年12月18日获得广东省人力资源和社会保障厅批准；2017年，我校承办中山市校服设计比赛，为中山市评选出具有民族文化、中山地域特色的中小学（幼儿园）校服（园服）款式样品库；2019年，我校为中山市政府提供中山市服装产业现状及高质量发展调研报告。

2. 人才培养模式更加完善

我校率先创新了中职学校与高校合作创办高等职业学院的新鲜经验，使中等职业教育向高等职业教育升级的愿景变成了现实。同时，集团内部中高等职业技术院校的升学、招生、实训、就业等一条龙服务为培养更加适应市场需求和产业发展需求的人才提供了丰富的教育资源。职业教育发展更加贴近产业发展的需求，这一改革创新对经济社会的推动作用将是长久而深远的。优质资源共建共享正是"互联网+职业教育"在信息时代的最新成果，在服务教育和产业发展中必将发挥重要作用。

3. 校企合作趋于成熟

我校立足地方经济，依托产业办专业，"专业对接产业链，教育对接价值链"，不断把学校的发展与地方产业发展紧密结合，引企入校，举办校内企业，建立教学生产线，与企业共建教学实训室，完善教师工作室，建立教学工厂，推动学校专业建设与企业生产的深度融合。校企合作呈现多样化、长久化、全面化、特色化、专业化的特征。

六、"融入—分享"资源共建共享模式的努力方向

1. 以沙溪服装创意园区为基础，打造融产、学、训、研于一体的集团化办学

我校不断深化产教融合，加大产学研合作，实现校企资源共享，继续加强服装创意园区建设，推动人才培养，加强项目研究等方面合作，进一步拓展我校的集团化办学，沙溪服装产业打造融设计、检测、展示、发布、电商、教育培训于一体的产业链集群，聚集沙溪本土服装品牌，如图5.3所示。

图5.3　沙溪服装产业链集群

2. 进一步推进中高职衔接，构建现代职教体系

根据国家和省的统一部署，我校应继续发挥集团化办学优势，继续探索构建现代职教体系，建立中高职衔接的技术技能人才协同培养机制，在集团内让更多的学校参与全面合作，制定中高职衔接课程和教材开发等人才培养方案，集团成员在沙溪服装创意园区合作建设中高职衔接人才培养基地；探索非学历职业教育和非全日制职业教育，服务社会经济发展。

3. 优化资源共享，打造集团师资培训基地

在集团化办学过程中，通过校企合作，加强与企业长期的合作，吸收企业行业中的优秀技术骨干人员参与到教学和科研中，以迅速提升学校的师资力量。从长远来看，职业学校教师需要有优质的实践学习环境，与企业行业具有丰富实践经验的师傅进行实践探讨学习。为此，我校将进一步打造中职学校青年教师企业实践基地、广东省服装教师培训

基地，丰富集团共建共享资源的内容，进一步服务市场需求，服务产业发展。

促进优质资源共享，提升信息技术支撑职业教育改革创新的能力，提高人才培养质量，是服装职教集团建立优质资源库、实现共建共享的重要目标。我校希望通过"融合—分享"资源共建共享模式，推进职业教育信息化建设，并以信息化促进人才培养模式改革。借助广东省中职学校高水平学校建设过程，在全国中等职业教育改革创新、质量提升、特色办学方面真正起到示范作用。

参考文献

[1]李心，王乐夫．深化产教融合校企合作 推动中职教育创新发展：广东中等职业教育教学改革研究与实践[M]．广州：暨南大学出版社，2008.

[2]明航．职业教育校企合作的机制与模式研究[M]．北京：高等教育出版社，2011.

[3]任君庆．服务型区域教育体系的校企合作研究[M]．北京：高等教育出版社，2016.

[4]吴建新．职业教育校企合作长效机制研究[M]．北京：科学出版社，2016.

[5]杨红荃．职业教育校企合作中的法律制度建设研究[M]．桂林：广西师范大学出版社，2015.